국립국어원 민족생활어 자료 총서 3

옹기장·사기장

부산광역시 기장군, 울산광역시 울주군, 경상남도 김해시 진례면의 민족생활어

국립국어원 민족생활어 조사

    기   획 : 김덕호(담당 연구원)
  조사위원 : 김순자(제주대)   안귀남(안동대)
            김란기(홍익대)   김지숙(영남대)
            홍기옥(경북대)   조숙정(서울대)
            정성미(강원대)   정진영(부산대)
            김민영(한남대)   위 진(전남대)

국립국어원 민족생활어 자료 총서 3

옹기장·사기장—부산광역시 기장군, 울산광역시 울주군, 경상남도 김해시 진례면의 민족생활어

초판 인쇄 2008년 12월 10일
초판 발행 2008년 12월 15일

지 은 이 정진영
엮 은 이 국립국어원
펴 낸 이 최종숙
펴 낸 곳 글누림출판사 / 서울 서초구 반포4동 577-25 문창빌딩 2층
전   화 02-3409-2055 FAX 02-3409-2059
이 메 일 nurim3888@hanmail.net
등   록 2005년 10월 5일 제303-2005-000038호

ⓒ 국립국어원 2008

정   가 13,000원

I S B N 978-89-6327-004-3 (세트)
I S B N 978-89-6327-007-4 04710

국립국어원 민족생활어 자료 총서 3

옹기장·사기장

부산광역시 기장군, 울산광역시 울주군, 경상남도 김해시 진례면의 민족생활어

정진영

　국립국어원은 국어를 표준화하고, 국민의 풍요로운 언어생활을 돕기 위해 1991년에 설립되었다. 설립된 다음 해부터 1999년까지 8년간의 표준국어대사전 편찬 사업과 더불어 방언 조사 사업, 음성 자료 디지털화 사업, 기본 어휘 사용 실태 조사 사업 등과 같은 국가적 조사 연구 사업들을 수행해 왔다. 민족생활어 조사 사업도 이와 같은 국가적 조사 연구 사업의 일환으로 2007년에 시작되었다.

　민족생활어 조사 사업은 국어 기본법 제2조(기본 이념)와 제9조(실태조사 등)에 근거하고 있다. 또한 다양한 입장에 대해 열린 자세를 갖게 하고, 차이를 인정하는 열린 마음으로 사회 통합을 이끌어내고자 하는 사회적 분위기와 이를 통해 사회적 관용(la tolérance sociale)을 모색하고자 하는 의식을 반영한 사업이다.

　편리함과 윤택함이라는 이름 아래 진행되어 온 고속 성장의 이면에 우리의 언어와 문화, 생태계는 그 다양성이 훼손될 우려가 점차 커지고 있다. 그러므로 인류 미래의 운명이 걸린 언어, 문화, 생태계의 다양성을 존

중하고 절멸 위기에 있는 그들의 생명력을 유지하고 복원하기 위해 함께 행동해야 할 것이다.

유네스코에서는 1992년 '생물 다양성 협약'을 체결하고 2001년 세계 문화 다양성 선언을 채택하여 언어와 문화의 다양성을 지키기 위해 노력하고 있다. 왜 생태주의자들은 종의 다양성을 옹호하고 있는가? 그것은 바로 순조로운 진화의 길을 모색하고자 함에 있다. 진화라고 하는 발전과 변화가 종의 다양성을 기반으로 하여 가능하듯이 언어의 진화도 언어의 다양함을 바탕으로 이루어지는 과정이라고 할 수 있다. 언어의 대표 단수만 옹호하는 일은 언어의 다양성 자체를 무너뜨리는 일이고, 이는 곧 진화에 역행하는 일이다.

현재 삶의 편의성을 위해 모든 것을 거시적인 관점에서 표준화하려는 경향이 뚜렷해서 비표준적이고 미시적인 것들은 소멸의 위기에 처하게 되었다. 하지만 이제는 잃어버린 지난날의 다양하고 미시적인 삶의 유산을 복원하기 위한 노력이 시작되고 있다. 이러한 분위기는 중심 언어에서 멀어진 변방의 언어라고 방치했거나 정화의 대상으로까지 여겼던 비표준적인 말을 보존하려는 노력에서도 엿볼 수 있다. 영국이 낳은 뛰어난 언어학자 데이비드 크리스털(David Crystal)은 자신의 저서인 '언어의 죽음(Language Death)'에서 어떤 소수의 언어든, 언어라는 이름을 갖고 있는 존재가 힘센 언어에 의해 사라져 가는 것은 '비극'을 넘어 '재앙'으로 간주하고 있다. 인류의 삶에는 다양성이 필요하고, 다양성을 바탕으로 이루어진 언어는 나름의 정체성을 가져야 자연스럽다. 언어는 역사의 저장고일 뿐만 아니라, 인류의 지식 총량에 기여하고, 그 자체로 흥미의 대상이 되기 때문에 그의 주장은 타당하다. 어떠한 언어든 사라진다는 것은 인류에게는 돌이킬 수 없는 손실을 의미한다. 따라서 아직까지 연구되지 않았거나 충분히 기록되지 않은, 소멸 위기에 처하거나 죽어가는 언어들을 문법 사전 및 구전 자료의 기록을 포함하는 문서 형태로 기록하는 것은 아주 중요한 사명이다.

크리스털을 비롯하여 뜻있는 언어학자들이 소멸 위기에 놓인 언어를 지켜내려고 단간힘을 쓰고 있는 것처럼, 국립국어원에서도 민족생활어 조사 사업을 통해 사라질 운명에 처해 있는 한민족의 생활어를 수집하고, 더 나아가서 그것을 지켜가는 방안을 모색하기 위해 힘을 모으고 싶다. 이를 통해서 우리 민족의 생활 언어가 한민족의 위대한 '문화유산'으로 다음 세대에게 계승하여 상속할 만한 가치를 지닌 문화적 소산임을 명심하게 하는 계기를 삼고자 한다.

민족생활어 조사 사업은 2007년부터 시작하여 2016년까지 10년간 수행할 예정이다. 국어 기본법 제2조 기본이념에서 밝히고 있듯이 국어가 민족 제일의 문화유산이며 문화 창조의 원동력임을 깊이 인식하여 이를 조사하고 보존함으로써 민족문화의 정체성을 확립하고 나아가 후손에게 계승할 수 있도록 하여야 하겠다.

2008년 12월

국립국어원 원장 이 상 규

차례

제4장 사기장의 말 · 121

제3부 연구 결과

제**1**부

사업 개요

제1장 민족생활어란 무엇인가?

제2장 연구 추진 과정

제1장 민족생활어란 무엇인가?

　인간은 다양하고 역동적인 생활 모형을 창조하기도 하며 다른 사람이 이미 만든 생활 모형을 따르며 살아가기도 한다. 그러한 생활 모형이 다수에 의해 집단화되거나 후손에게 영속적으로 이어지면 문화가 된다. 이러한 문화 속에서 관계를 맺고 소통하기 위해 사용하는 매개체를 가지게 되는데 그것이 바로 언어이다.

　민족생활어란 민족이라는 말에 생활과 언어가 결합되어 이루어진 말이다. 민족은 일정한 지역에서 오랜 세월 동안 공동생활을 하면서 언어와 문화상의 공통성에 기초하여 역사적으로 형성된 사회집단을 말한다. 생활은 사람들의 일상적인 정서, 인식, 행동으로 이루어지며 이것의 대부분은 언어를 매개로 구체화된다.

　일정한 지역에서 언어, 풍습, 종교, 정치, 경제 등을 공유하면서 장기적으로 집단적 생활을 지속적으로 반복하게 되면, 공속적인 사고체계와 문화체계를 형성하게 된다. 곧 이러한 사고체계와 문화체계는 그 민족의 생활 모습을 통해 알 수 있는데, 이들 생활의 대부분은 민족이 사용하는 언어를 통하여 드러나게 된다.

그러므로 한 민족이 살아 온 삶의 모습, 사고체계, 정체성 등을 파악하기 위해서는 동일 민족의 범주에 속하는 다양한 사람들의 생활어를 살펴보아야 한다. 이것은 생활 속에서 이루어지는 언어의 어휘, 형식, 의미, 용례, 담화 등의 조사와 재발견을 통해 구체화시킬 수 있다.

민족생활어를 조사하기 위해서는 우선 그 언어를 담고 있는 민족문화를 알아야 한다. 이를 위해 한국 민족문화의 개념과 범위를 살펴보면 다음과 같다(『한국 민족문화대백과사전』).

- 한국 민족문화에는 외국에서 우리나라로 귀화한 사람과 우리나라에서 외국으로 이주한 사람의 문화도 포함된다.
- 한민족이 아닌 다른 민족이 이룩한 문화는 한민족 구성원에 의하여 연구 변용된 구체적인 사실이 있는 경우에 한국 민족문화에 포함된다.
- 한민족이 우리 강역 안에서 이룩한 문화 외에도 외국으로 일시 진출하거나 항구적으로 이주하여 이룩한 문화도 한국 민족문화에 포함된다.
- 선사시대의 생활양상도 한국 민족문화에 포함된다.
- 자연 그 자체는 문화가 아니지만 한민족에 의하여 이용되고 의미를 부여한 자취가 있을 때는 한국 민족문화로 다룬다.
- 현대 문화의 양상은 전통 문화와의 연관이 파악되고 광범위한 영향을 끼치며, 우리나라에서의 독자성 또는 특수성이 보편성과 함께 인정되어야 한국 민족문화이다.
- 민족문화는 민족 · 강역 · 역사 · 자연 · 생활 · 사회 · 사고 · 언어 · 예술 등 아홉 가지로 크게 분류된다.

이상과 같은 한국 민족문화의 개념과 범위 규정은 앞으로 수행할 이 사업의 조사 대상과 영역을 선정하는 데 중요한 기준으로 삼을 수 있다.

사피어 워프의 가설(Sapir Whorf 가설, 언어의 상대주의 이론)에 보면 언어구조나 실제 사용하는 언어 형식이 사용자의 사고에 영향을 미치는 것으로 되어 있다. 언어 사용자는 필요에 따라 많은 언어 형식을 창조한다. 사용자가 그만큼 사고를 많이 한다는 말이다. 북극의 이누이트족은 눈, 얼음, 바람을 아주 세분된, 수십 개의 말로 표현한다. 필리핀 민도르의 하우누족은 450종 이상의 동물과 1,500종 이상의 식물을 구분한다. 실제 공인된 공식 도감의 분류보다 400여 종이 더 많다.

어떤 언어 사용자의 죽음은 그가 가진 독특한 생활어도 함께 사라짐을 의미한다. 언젠가 아프리카에서 들려오는 소식으로 다음과 같은 이야기가 있었다. "한 사람의 노인이 사망할 때마다 하나의 박물관이 사라지고, 하나의 도서관이 사라진다." 문자가 아닌 구전으로 지식과 지혜가 전수되는 아프리카의 문화 전통에서 오래도록 살아 온 한 노인은 그 사람 자체가 박물관이고 도서관이었다(강신표, 인제대).

이러한 관점은 조사 대상과 조사 영역에 대한 중요한 기준을 제시해 준다. 누구를 조사해야 하고, 무엇을 조사해야 하는지에 대한 해답을 이 관점을 토대로 찾아낼 수 있을 것이다.

민족생활어란 한국 민족이 그들의 문화 속에 담고 있는 생활 어휘, 형식, 의미, 용례, 담화 등을 모두 포함한 용어라고 정의할 수 있다. 그리고 민족생활어 조사란 바로 그러한 한국 민족문화 모형을 가진 인간을 대상으로 다양한 생활 어휘들을 조사해야 하는 것이다.

한 민족 내에서 사용한 언어는 그 민족의 사고와 행동양식과 불가분의 관계에 있으며, 이것은 사람들의 일상적 활동과 연계된 생활어에 구체적으로 나타나고 있다. 실제로 음운이나 문법과는 달리 어휘, 의미, 용례, 담화에는 그 시대의 다양한 특징적 상황이 반영된다. 사회구조가 복잡해지고 새로운 사물과 행동이 나타나면서 그에 합당한 어휘가 생겨나게 된다. 이러한 어휘 부족 현상을 충족시키기 위해서 기존 언어의 의미가 더 확대

되거나 기존 어휘가 새로운 의미로 변화하거나 새로운 어휘로 대체되는 현상이 나타날 수 있다.

새로운 사실이나 관념의 형성, 사물에 대한 새로운 지식이 생겨날 때 나타나는 새말이나 기존 의미의 변화, 문화변동에 직접적으로 가장 민감하게 반응하는 것이 어휘이므로 어휘의 변화가 가장 심하다. 따라서 우리말의 어휘가 변화해 온 양상을 살펴보면 우리나라에서 이루어진 사회적·정치적·문화적인 변화양상까지도 읽을 수 있다. 이와 같이 다양한 계층, 성, 지역, 연령 등에서 사용하고 있는 광범위한 생활어의 음성, 어휘, 의미, 용례, 담론, 사진, 동영상 등을 종합적이고 체계적으로 수집·정리하고 활용함으로써 우리 민족의 독창적인 사고력 증진과 민족 문화를 발전시킬 수 있다.

광범위한 민족생활어를 지속적이고 체계적으로 조사·정리하고, 이에 기초하여 민족 제일의 문화유산인 국어와 한민족의 고유한 사유체계와 행동 양식의 역동성을 연구할 필요가 있다. 사회·경제 구조와 활동이 급속히 변화함에 따라 오랜 시간에 걸쳐 형성, 유지, 발전되어 온 국어의 어휘, 의미, 용례, 소통양식 등이 사라지고 있다. 이에 대한 체계적이고 지속적인 자료 수집, 정리, 보관, 활용에 관해 연구를 한다.

한 민족의 삶 속에 내재한 생생한 생활어를 조사함으로써 그와 연관된 생활 자료를 보존할 수 있고, 그동안 간과되어 온 민족의 역사를 복원할 수 있다. 이를 통해 당대의 올바른 시대상을 파악할 수 있고 국가발전의 가시적 성과도 제시할 수 있다.

지난 100년 동안 한국의 사회·경제 활동이 급격하게 변화하면서 다양한 직업들이 소멸·쇠퇴하는 반면 다른 많은 직업들이 창출됨에 따라 국어의 기반을 이루고 있는 생활 양식이 바뀌고 있다. 빠르게 소멸되어 가는 전통 사회·경제·문화 활동과 연계된 민족생활어를 수집·정리하고 활용하여 민족문화의 정체성을 확립하고 국어 어휘, 의미, 용례의 다양성을 보존하여 후손에게 물려주어야 한다. 이와 동시에 탈근대 혹은 지식·정보 사회·경제·문화 활동과 연계되어 새롭게 만들어지고 있는 생활어를 지속적으로 수집·정리하고 활용하여 민족 제일의 문화유산인 국어를 변화하는 시대정신에 맞추어 창조적으로 계승·발전시킬 필요가 있다.

그런데 20세기 민족생활어의 조사 대상이 되는 민중들은 소수의 예를 제외하면 대개 고령자일 경우가 많다. 민족생활어 조사의 시급성은 바로 이러한 사실로부터 제기된다. 그러므로 지난 세기를 살면서 일상의 온갖 생활어를 생생히 사용해 왔던 고령자들로부터 하루라도 빨리 생활어를 발굴·조사하지 않으면 참으로 귀중한 지난 세기 우리 민족의 생활어가 사라져 버릴지도 모르는 위기에 처하게 될 것이다.

이처럼 지난 세기의 급격한 사회변동에 따라 곧 사라질 위기에 처해 있는 우리 민족의 생활어휘를 조사하기 위해서는 고령자들의 구술에 크게 의존할 수밖에 없는데, 이를 통해 노년세대들의 소외의식을 줄이고 그들의 자존감도 회복시킨다. 또한 소외계층의 생활어나 해외에 거주하는 한민족의 생활어도 조사하여 그들의 자존감을 회복시키고 소외감을 해소한다. 아울러 당대의 고령층과 소외계층 사람들의 의식을 파악하고, 그들이 국가발전에 기여한 생생한 증거를 확보할 수 있다. 이러한 과정을 통해 우리 민족이 이룩한 문화유산과 업적을 정리·집대성하여 새로운 한국 민족문화를 창조하는 기반을 구축할 수 있을 것이다.

김 덕 호(국립국어원)

제2장 연구 추진 과정

1. 조사 계획

1.1. 조사의 목적 및 의의

이 조사는 민족생활어 조사 사업의 일환으로 '우리그릇'을 만드는 장인들이 작업 현장에서 사용하는 말을 채록하여 정리하는 데 그 목적이 있다. 국어문화유산을 소중하게 보존해야 한다는 데에는 모두가 인식을 같이 하리라 본다. 한 언어의 어휘는 그 언어가 담고 있는 문화를 반영하는데, 이는 기록으로 남겨 놓지 않으면 사라지게 될 것이 자명하기 때문이다. 그러므로 소멸 위기에 놓인 직업생활어와 기층생활어를 관찰하고 기록하는 일은 반드시 해야 할 작업이다.

일차 대상은 흙으로 만들어진 전통 그릇을 대표하는 옹기와 사기로 정하여, 그것을 만드는 옹기장과 사기장의 말을 조사하고자 한다. 옹기와 사기는 그동안 우리 민족의 전통적인 식생활 도구로서 중요한 구실을 해 왔다. 옹기는 그리 멀리 거슬러 올라가지 않아도, 집 뒤뜰의 장독대부터 부엌, 곳간에 이르기까지 집안 곳곳에서 볼 수 있었던 그릇으로, '숨 쉬는 그릇' 혹은 '자연을 닮은 그릇'이라는 수식어가 늘 따라다닌다. 사기 역시 그릇이 귀했던 시절에도 그 재료를 쉽게 구할 수 있었던 덕에 밥상에 오르는 밥그릇, 국그릇의 대명사였던 사발, 대접으로 각각 사용되면서 친근한 식기로서의 기능을 담당했다.

그런데 이런 우리그릇이, 오늘날 대량으로 생산되는 용기들로 인해 설 자리를 점점 잃어 가고 있다. 최신 기계화 설비를 갖춘 공장에서 플라스틱, 스테인리스 그릇 등을 대규모로 생산하면서 경쟁에서 밀리게 된 것이다. 그로 인해 손으로 직접 만드는, 전통적인 방식을 지켜 온 장인들까지도 생활이 힘겨운 상황에 놓이게 되었다.

전통을 고수해 온 장인들이 사라지면 함께 사라지게 되는 것이 그들의 말이기에 지금이라도 그 말을, 더 늦기 전에 정리하여 보존해야 할 가치가 있을 것이다. 특정 직업어라는 한계를 초월하여, '그릇에 혼을 담는 사람들', 그들의 말 속에 우리 민족 고유의 생활어가 고스란히 보존되어 있다는 점을 인식한다면 민족 문화의 전통을 계승하는 차원에서 이 조사가 지니는 의의는 충분하다 하겠다.

1.2. 조사 대상

조사 대상은 옹기와 사기를 만드는 장인의 말이다. 부산, 울산, 경남 지역의 대표적인 도예마을이 있는 부산광역시 기장군, 울산광역시 울주군, 경상남도 김해시 진례면 세 곳을 찾아가서 작업 현장에서 쓰이는 생생한 직업생활어를 조사하고자 한다.

본 조사는 6월부터 8월에 걸쳐 옹기장의 말을 조사하고, 뒤이어 9월부터 11월까지 사기장의 말을 조사하는 방식으로 진행할 계획이다.

1.2.1. 옹기장의 말

일차 조사 대상은 옹기장의 말이다. 우리나라에서 가장 큰 옹기마을로 알려진 울산광역시 울주군 온양읍 고산리의 외고산 옹기마을을 조사 지역으로 정하여, 그곳에서 오랫동안 전통옹기를 제작하고 있는 신일성 옹기장과 배영화 옹기장을 대상으로 옹기장의 말을 조사할 것이다. 제보자인 신일성 옹기장(남, 65세, 일성토기)은 외고산옹기협회 초대회장을 지낸 바 있으며, 배영화 옹기장(남, 67세, 영화요업)은 현재 이 옹기협회의 회장직을 수행하고 있다.

옹기장의 작업 현장에서 옹기의 개념을 비롯하여 옹기를 제작할 때 필요한 재료, 도구 명칭, 제작 과정과 관련된 말, 옹기의 제작 장소, 제작품인 옹기의 명칭 및 쓰임 등을 상세히 조사할 계획이다. 아울러 제보자의 생애에 대한 구술 발화도 함께 녹음할 것이다. 구체적인 조사 계획은 아래의 <세부 추진 계획표>로 대신한다.

〈세부 추진 계획표〉

연번	세부 추진 계획(월, 일)	비고
1	사전 탐문 조사(06. 02. ~ 06. 08.)	
2	제보자의 생애 구술 발화 녹음(06. 09. ~ 06. 15.)	
3	옹기의 재료, 제작 도구, 제작 장소 조사(06. 16. ~ 06. 22.)	
4	옹기의 제작 과정과 관련된 어휘 조사(06. 23. ~ 07. 06.)	
5	사진 및 음성 자료 정리(07. 07. ~ 07. 13.)	
6	옹기의 명칭 및 쓰임 조사(07. 14. ~ 07. 27.)	
7	결과물 중간 점검(07. 28. ~ 08. 03.)	
8	옹기 및 옹기장 관련 어휘 보완 조사(08. 04. ~ 08. 17.)	
9	조사 결과물 최종 정리(08. 18. ~ 08. 24.)	
10	새 주제 탐색(08. 25. ~ 08. 31.)	

1.2.2. 사기장의 말

사기장의 말은 부산 기장군의 김윤태 사기장(남, 72세, 상주요)과 경남 김해의 배종태 사기장(남, 79세, 토광도예)의 제보를 중심으로 조사할 계획이다. 부산광역시 지정 무형문화재 제13호인 김윤태 사기장은 기장군 일광면 원리에 있는 작업장에서 조선백자, 다완 등을 제작하고 있다. 또 배종태 사기장은 김해시 진례면 송정리에 있는 작업장에서 여든에 가까운 고령에도 불구하고 그릇 만드는 일을 계속하고 있다. 그는 분청도자기축제를 주관하는 김해도예협회를 창설하였으며, 김해시 문화예술상, 경상남도 문화상을 수상한 경력이 있다.

조사하는 동안 기장과 김해를 오가면서 제보자들의 작업장에서 그릇을 만드는 과정을 지켜보면서 사기의 재료, 사기를 만들 때 사용하는 도구의 명칭, 제작 과정, 제작 장소, 사기의 명칭 및 쓰임 등을 상세히 조사할 계획이다. 제보자의 생애 구술 발화 녹음을 포함하여, 구체적인 조사 계획은 다음의 <세부 추진 계획표>를 참고하기 바란다.

〈세부 추진 계획표〉

연번	세부 추진 계획(월, 일)	비고
1	사전 탐문 조사(09. 01. ~ 09. 07.)	
2	사기의 재료, 제작 도구, 제작 장소 조사(09. 08. ~ 09. 21.)	
3	사기의 제작 과정과 관련된 어휘 조사(09. 22. ~ 10. 05.)	
4	제보자의 생애 구술 발화 녹음(10. 06. ~ 10. 12.)	
5	조사한 어휘 검토(10. 13. ~ 10. 19.)	
6	사기의 명칭 및 쓰임 조사(10. 20. ~ 10. 26.)	
7	사진 및 음성 자료 정리(10. 27. ~ 11. 02.)	
8	결과물 중간 점검(11. 03. ~ 11. 09.)	
9	사기 및 사기장 관련 어휘 보완 조사(11. 10. ~ 11. 23.)	
10	조사 결과물 최종 정리(11. 24. ~ 11. 30.)	

2. 조사 보고

2.1. 옹기장의 말

2.1.1. 조사 기간

조사는 2007년 6월 1일부터 2007년 8월 31일까지, 석 달 동안 진행하였다.

2.1.2. 조사 장소

조사는 울산광역시 울주군 온양읍 고산리에 위치한 외고산 옹기마을에
서 이루어졌다. 이 마을은 전국에서 가장 큰 옹기마을로, 우리나라 옹기의
반 이상을 생산하고 있으며, 해마다 옹기축제를 열어 우리 옹기를 알리는
데 기여하고 있다. 2009년에는 이곳에서 대규모의 '세계옹기엑스포'가 개
최될 예정이다. 조사하는 과정에서 옹기회관 내 체험학습장 및 판매장, 제
보자들의 작업장을 드나들면서 인터뷰를 하였다.

[사진 1] 온양옹기회관

2.1.3. 제보자

연번	조사 대상	이름	성별	나이	거주지	기타
1	옹기장	신일성	남	65	울산 울주군	울주 외고산옹기협회 초대 회장

　신일성 옹기장은 경북 영덕에서 태어나 17세부터 옹기를 만들었다. 부모님을 도와 옹기 일을 하다가 군 제대 후에 고향 어른 허덕만 씨가 자리 잡은 울주로 옮겨 왔다. 울주 외고산옹기협회 초대회장을 지낸 그는 요즘 옹기회관 내 옹기체험장 교사로서 이 마을을 찾아오는 사람들에게 우리 옹기를 알리는 일을 하고 있다. 슬하에 3남 4녀를 두고 있으며, 장남인 재락 씨가 가업을 계승하고 있다. 신일성 옹기장이 운영하는 일성토기 작업장은 울산광역시 울주군 온양읍 고산리 125-7번지에 있다.

[사진 2] 신일성 옹기장

[사진 3] 작업하는 모습

연번	조사 대상	이름	성별	나이	거주지	기타
2	옹기장	배영화	남	67	울산 울주군	울주 외고산옹기협회 회장

배영화 옹기장 역시 경북 영덕 출신으로 외고산 옹기마을의 창시자인 허덕만 옹기장 밑에서 옹기 기술을 전수받았다. 현재 울주 외고산옹기협회 회장을 맡고 있으며, 슬하에 1남 2녀를 두고 있다. 배영화 옹기장이 운영하는 영화요업 작업장은 울산광역시 울주군 온양읍 고산리 437-1번지에 있다.

[사진 4] 배영화 옹기장

두 명의 옹기장 외에도 조사에 협조해 준 보조 제보자들이 있다.

연번	조사 대상	이름	성별	나이	거주지	기타
3	옹기장	신석근	남	60	울산 울주군	건애꾼
4	옹기장	심칠만	남	75	울산 울주군	원로 옹기장
5	옹기장	황보화	여	67	울산 울주군	옹기 판매자
6	옹기장	최영희	여	50	울산 울주군	옹기 판매자

2.1.4. 조사 내용

1) 도구

가새칼, 감잡이, 근개, 도모(돌못), 물가죽, 발물레, 곤메, 들보, 정금대, 공뚜껑 등

2) 재료

흙가래, 목질, 약토, 익은질, 잿물, 점토, 질, 창솔 등

3) 제작 과정

깨끼질, 가새질, 근개질, 부채질, 설개질, 서리다, 소리다, 타름 타다(타리다)

4) 제작품

깍쟁이, 드뭉, 돛대자리, 적지비, 전버리, 편자, 꺼매기, 날그릇, 노각, 알배기 등

5) 구성

엎전, 쌍전, 외전, 노전, 밑골, 중골, 윗골, 빗살무늬(부챗살무늬), 평면 등

6) 제작자

옹기대장, 건애꾼, 수비꾼, 질꾼, 질종, 화부 등

7) 장소

옹기굴, 대포굴, 물레칸, 옹기공장, 옹기동막 등

8) 기타

일건애 이대장, 찡 맞다, 몸살, 자리 등

2.2. 사기장의 말

2.2.1. 조사 기간

조사는 2007년 9월 1일부터 2007년 11월 30일까지, 석 달 동안 진행하였다.

2.2.2. 조사 장소

부산 경남 지역의 대표적인 도예마을인, 부산시 기장군과 경남 김해시 진례면에 자리 잡은 도예마을을 조사 마을로 정하였다. 분청도자기축제로 유명한 김해 도예마을에는 클레이아크 김해미술관이 있으며, 기장에는 앞으로 대규모의 도예촌이 건립될 예정이다. 조사는 주로 제보자들의 집과 작업장에서 진행되었다.

2.2.3. 제보자

연번	조사 대상	이름	성별	나이	거주지	기타
1	사기장	김윤태	남	72	부산 기장군	부산광역시 지정 무형문화재 제13호

김윤태 사기장은 2005년 3월 3일에 부산광역시 무형문화재 제13호로 지정되었다. 경북 문경이 고향인 그는 가마를 운영하는 집안에서 태어나 어릴 때부터 도자기 만드는 일을 배웠다. 현재 그는 '다완의 달인'이라는 수식어가 말해 주듯이 사기장으로서 뛰어난 기술을 보유하고 있다. 슬하에 2남 4녀를 두고 있으며, 장남 영길 씨가 김윤태 사기장의 뒤를 잇고 있다. 기장에는 1970년대 중반에 정착해서 현재 상주요를 운영하고 있다. 상주요는 부산광역시 기장군 일광면 원리 421-1번지에 위치하고 있다.

[사진 5] 김윤태 사기장

[사진 6] 작업하는 모습

연번	조사 대상	이름	성별	나이	거주지	기타
2	사기장	배종태	남	79	경남 김해시	김해시 문화예술상, 경남문화상 수상

배종태 사기장은 경남 창원에서 태어나 우리나라가 해방된 해 1945년부터 그릇 만드는 일을 시작해서 60년이 넘는 동안 손에 흙을 묻히면서 살아 왔다. 그는 20년 넘게 옹기를 만들다가 도자기로 전업했는데, 이곳저곳을 옮겨 다니다가 김해 진례에 정착해서 본격적으로 사기를 만들기 시작했다. 배종태 사기장은 1997년에 김해시 문화예술상, 2003년에 경상남도 문화상을 수상한 바 있으며, 현재는 김해도예협회 고문직을 맡고 있다. 4남 5녀 중에서 막내아들 창진 씨가 2대 토광으로 가업을 계승하고 있다. 토광도예 작업실은 경남 김해시 진례면 송정리 507번지에 있다.

[사진 7] 배종태 사기장

[사진 8] 작업하는 모습

그 외에도 경북 문경의 천한봉 사기장에게 제보를 받았다. 부산에서 열린 '명인 차그릇 전시회'(천한봉·김윤태 사기장 공동전시회)에서 만나, 12월에 출판될 예정이었던 회고록 『그릇과 나의 인생』에 실리는 내용 중에서 그

룻 관련 자료를 요청하여 받았다.

연번	조사 대상	이름	성별	나이	거주지	기타
3	사기장	천한봉	남	75	경북 문경시	대한민국 제95-19호 도예명장

천한봉 사기장은 대한민국 도예명장이자 경북 무형문화재로서, 경북 문경의 명인 중어 한 사람이다. 14세 되던 해부터 지금까지 60년 동안 사기 만드는 일을 하고 있는 그는 조선다완의 재현에 기여한 바가 크다. 5녀 중에 막내딸 경희 씨가 현재 가업을 전수받고 있다. 그가 운영하는 문경요는 경북 문경시 문경읍 당포리 156-1번지에 있다.

2.2.4. 조사 내용

1) 도구

갓, 굽쇠, 나막신뒷굽(디딜박), 빌쇠, 갑반, 개떡도지, 장구도지, 공수, 불보기 등

2) 재료

굽질, 꼬박, 망뎅이(망성이), 묵보래, 재유, 자연철, 달음나무, 땅땐목, 영사나무 등

3) 제작 과정

꼬박 밀다, 굽 깎다, 도가니 파다, 써내다, 끌목하다, 새복, 시유 등

4) 제작품

식힘사발, 버림사발, 차호, 석간주단지, 귀사발, 달항아리, 연리문다
완, 칠기 등

5) 구성

도수리구멍, 살창구멍, 끌목칸, 노리칸, 봉통, 겉굽, 통굽, 안굽 등

6) 제작자

사기대장, 불대장, 수정꾼, 톳물꾼, 칸수리꾼 등

7) 장소

땅두멍, 망뎅이가마(망성이가마), 봉노, 사바리막, 칸가마 등

8) 기타

눈 놓다, 점배기, 가마성주, 꽃이 피다, 날나다, 요변 등

제**2**부

연구 내용

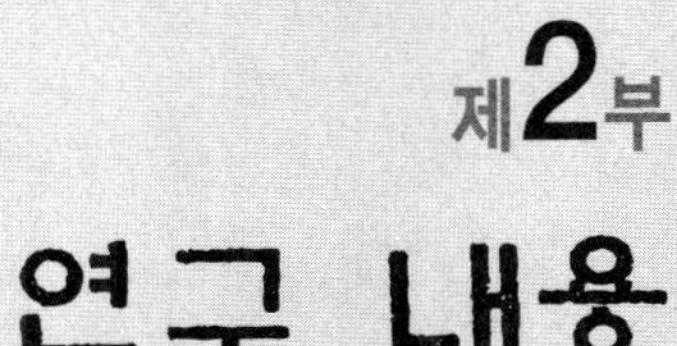

제3장 옹기장의 말

제4장 사기장의 말

제3장 옹기장의 말

1. 구술 발화

1.1. 제보자

1.1.1. 신일성 옹기장 소개

[사진 9] 신일성 옹기장

신일성 옹기장(남, 65세, 1943년생)은 경북 영덕에서 태어나 17살 때부터 옹기 만드는 일을 시작했다. 당시에 영덕에는 옹기점이 많았는데, 태풍으로 폐점이 되는 바람에 여기저기 떠돌다가 군대 제대한 후 결혼을 하면서, 고향 어른이 터를 닦은 울주 옹기마을에 정착했다. 그 후로 외고산에서 옹기 일을 계속 해 오면서 옹기에 대한 자부심이 남다른 신일성 옹기장은, 외고산옹기협회 초대회장을 지낸

바 있으며, 현재는 옹기체험교실을 열어 이 마을을 찾아오는 사람들에게
우리 옹기를 알리는 일을 하고 있다.

1.1.2. 제보자의 생애 구술

☖ 선생님, 올해 연세가 어떻게 되시는지요?

☗ 금년 만 육십사 세, 집에 나이는 육십다섯.

☖ 태어나셔서 지금까지 살아오신 내력을 이야기해 주십시오. 어디에서 태
어나 자라셨습니까?

☗ 음, 경북 영덕에서 인제 화개동, 경북 영덕읍, 영덕군 영덕읍 화개동 삼
공팔번지에서 인제 태어났고 고다음 우리가 국민학교, 지금은 초등학교
지만, 우리가 다닐 때 국민학교지예. 국민학교 일학년 때 육이오동란을
이제 만났지예, 그지예? 그리고 그때는 누구든지, 그 육이오사변을 다 겪
은 세대들은 다 고생했지예, 그지예? 고생하면서 다 그런데……. 그래도
저는 아버지가 이 옹기에 종사하다 보니까, 그래도 좀 딴사람들보담도
음, 음, 배고픔은 덜 한 편이지예. 그래하다가 저가 그 인제, 결국 중학교
도 그때사, 그때는 머 학교가 다니는 게 사실 머 말이 학교지마는, 학교
공부도 제대로 못했습더, 그지예? 이 농사철하고 옛날은 보리 빌 때는
가정실습이라고, 일주일간 가정실습을 했잖아요. 요즘 머 전부 체험을
통해서 하지마는, 그 옛날은 이거 아마 국민학교 저거 한 사학년만 되면
요, 우리 여학생들은 다 밥을, 요즘 쌀밥이 아니고 옛날에 두 번 밥하는
거, 보리쌀 안쳐가지고 이래 아시 인제, 소구리에 건져놓고 그 옆에 감자
를 깎아가지고 다시 두 번 밥 하는 게 그게 보리밥 아입니까? 그런 밥을
다 국민학교 사학년 정도 되면 다 밥을 할 줄 알고, 그, 우리들도 머 남
자애들은 한번 벌써, 국민학교 이삼학년만 되면 소를, 그 소를 그걸 머

머라카노 오래 되가 잊어버렸다, 소 잡는 그거를 머라카는데? 소를 먹이러 나갔지예, 그지예? 그래서 그랬고, 우리가 왜냐하면, 그냥 중학교 그 시절에도 옹기를 조금조금씩은 했어요 조그마한 거는 다 만들 줄 알았어요 그리고 졸업 맞고 거진 마 중학교도 건성적으로만 했지요 그땐 머 다 그렇게 했고, 그때는 우리가 참 재밌는 게, 담임선생도 요즘 촌지가 먼다 할 거 같으면, 옛날에 가을 되면 인제 시사 지낸다고 떡 한 쪼가리 옇으면 노란 그 노란봉지 그 그래도 한지에 싸주면 다행인데 노란봉지 같은 거는 옛날에 요즘 세멘포대기 같은 데 싸가지고 선생님 갖다 드리면 선생님은 그거 참 거룩한 촌지였지예, 그지예? 그래하면서 인제 그때부터 그, 내가 열일곱 살부터 실질적으로 열여섯 열닷 살부터는 일은 다 했고예, 에, 본격적으로 하는 거는 열일곱 살부터 옹기에 입문하기 시작했지예. 그러면서 우리가 상당히 배고픈 시절이었기 때민에 '이거 아니면 죽는다', 그렇기 때민에 빨리 배웠지예. 그러다 보니까 저가 그 나이가 어리면서 상당히 가정적으로 기여한 점은 상당히 많지예. 그래서 왜냐하면, 아버지는 내가 옹기대장이니까 "절대로 낫을 들어서는 안 된다." 꼴을, 꼴 비는 거는 저한테는 안 맡겼거든요 왜냐면 손이라도 다치면 일을 못하니까, 돈줄이니까. 인제 그렇게 하면서, 우리가 그 사라오태풍 지나고부터 우리 동네가 그 이제 홍수가 나가지고 옹기공장이 다 떠내려가 버렸거든요 그러고 난 뒤에 사라오 태풍 후에 공장을 건립했지마는 그 공장들이 잘 안 됐어요 그러다 보니까 한 오년쯤 돼 시름시름하고, 저희도 인제 나이가 그, 한 열아홉 살부터 시작해가 객지를 다니기 시작했지예. 그래서 고 이웃 영덕고장에 옹기촌이 많았어요 고서 한 이십리 떨어진 오천 카는 곳에서, 지품면 오천동 고기서 좀 옹기 하다가, 강원도 인제 저희 숙항뻘 되는 집안의 일족에 신의수라는 분이 계신데, 거기서 강원도 삼척 그, 북평읍에 지금은 동해시가 됐지마는, 거기서 일 년 정도 하다가, 아 이 년 했구나. 하다가 여기 육십삼 년도 에, 여기 정착하게 됐지요. 정착하게 됐는 거는, 원인은 에, 여기는 따뜻하니까. 따뜻하니까 겨울일도 하기 좋고 암만 그케도 우리가 소득이 좀 나으니까 여기 와 정착하게 됐고, 또 육십사 년도 되니까 저 나이가 스물두 살 먹으니까 군에 가야 돼. 군에 가서 육십칠 년도 전역하고 여그 왔지예. 여그 와서 있게 됐는데, 나는 원래 여그서, 젊을 때 여그서 살 생각을 안 했는데, 왜 살게 됐나, 우리 집사람을 만나 그렇단 말이야. 그러니까 연애하다 보니 여기 붙들려가지고 영원히 이제 죽을 때까지 여기 살게 됐는데. 그러니까 그 중간에 우리 처갓집에서, 저희 처갓집에서 업을 크게 하다보니까. 또 이 또, 때에 따라 갈등이 있지예, 그지예? 처가살이 하는 것도 갈등은 있고 이래 하다 보니까 배를 타게 됐어요. 또 옹기에 또 싫증도 느끼고 '왜 이거 옹기를 해야 되는가? 별로 탐탐탐은 직업.' 이래가 그 한 삼십개월 배를 탔지예, 그지예? 대서양에서 원양어업 어선에 승선하고 한 삼십개월 배를 타고, 승선 종료 후 우연한 기회에 스페인 민속마을에 인제 정착하게 됐지요. 한 삼개월 아르바이트하게 돼 있을 때 그때 비로소 옹기가 어떤 것을, 그때 그 스페인서 알았어요. 그래서 야, 이 나는 옹기쟁이가 선생님 소리는 거그서 처음 들었으니까. 야, 나도 이럴 때가 있는가 싶으더라고. 대한민국 가면 이거 머 완전히 돌상놈들인데 그래도 여 오니까 사람을 알아주니까. 호텔에서 귀빈 대우를 받았거든예. 그리고 인건비도 높게 받고 그래서 여기서, 그때 우리 박정희 대통령이 무슨 이야기를 했냐 할 것 같으면, 오년개혁 머 경제 오개년경제개혁, 아 처음할 적에 우리가 천불소득이라고 부르짖었다 말이야. 천불소득, 우리가 오개년경제개발이 끝나면 천불소득이라고 부르짖었다니까. 그 천불소득이 우리가 생각할 적에 그때는 꿈이었지요, 천불소득이. 국민소득이 천불이라는 거는 꿈이었는데. 그때 인제 그 있으니까, 참 그 내가 돈을 받아보니까, 참 감개무량하더라고요. 그래서 나는 여기서 한 십년 돈을 벌이가겠다. 십년 정도는 돈을 벌이가겠다. 그래서 대한민국 가서 잘 살아보겠다 했는데. 이 사람이 배고플 때는, 내가 확고한 정신이 가져 있었는데 돈이 좀 생깅게 사람 맘이 또 틀려지더라고예. 그래서 내가 여기 머, 밥도 못 먹을 형편도 아인데, 그때는 실지가 대한민국도 배고팠어요 사실, 우리가 팔십년도 중반을 넘어오면서 팔십오년도부터 시작해가 조금 좀 나아졌고, 그때는 어려운 사람들이 엄청나게 많았어요 그래서 저 같은 경우에는, 머 옹기쟁이니까 밥 먹고 사는 데는 머 이상 없었는데. 배가 부르니까, 가만 생각하니까 '아, 안 되겠다, 일단 귀국해서 집사람하고 같이 와야 되겠다. 내 혼차 외롭게 머 이국땅에 살 필요 없다.' 그래서 왔지요 왔는데, 귀국해서 집사람하고 상의를 하니까 집사람이 말도 안 통하는데 거그는 살기 싫다 하더라고예. 그래서 여기 살게 돼가지고, 그래서 여기 살게 돼가지고, 칠십칠년도부터 본격적으로 저가 사업을 하기 시작했지예. 사업을 하기 시작했고, 오늘날까지 인제 쭉 오면서, 저가 그, 가장 옹기업계 중에 가장 개발을 많이 했어예. 쌀단지, 물단지, 이 머 어떤 장식도구라도 가장 개발을 많이 했어예. 했는데, 모든 사람들이 그래요 이 옹기를 잘 모르는 분들이 왜냐면, "아, 옹기 그거 좀 하지 말고 도자기를 하지. 좀 멋있는 걸 하지." 이러는 거라예. 실지가 보이{보니}, 답답는 거라요, 답답아. 그래서 저는 그래요 "나는 절대로 도자기는 안 한다." 자꾸 우리 친구들도, 그 도자기 근사하고, 도자기 하지, 그 왜 그 옹기 그 천한 거 옹기를 자꾸 하나 카더라고 비로소 제가 그 스페인 민속 마을에서 한 삼개월 있으면서 이 옹기가 어떤가를 알았어요 옹기의 정체성을 다시 생각해 보게 되고, 정체성을 알려고 했고, 다시 한국에 왔을 때 저가 무엇을 남기고 죽어야 되느냐 이걸 생각했죠 그래서 그때부터 어떤 옹기를 해도 어떤 실감을 갖고 시작했어요 그리고 저가 놀래버렸는 거는, 이 옹기공장을 지나쳐 안 갔어요 왜 이 지역이 폐점이 됐는가, 왜 안 하는가, 그 이거를 짚고 넘어갔어요 그러니까 대한민국 전체를 다 다니면서, 음 거진 다 다녀봤어요, 다 다녀보니까 지금도 영위하고 있는 거진 폐점된 데도 있고, 거르키(?) 마 거르키 상태에 있는 마 그런 거도 있고, 그런 공장들도 있고 했는데. 그래서 내가 물어봤을 때 무엇이 답답나 할 거 같으면, 이 옹기명사가 완전 엉터리가 돼 있다 말이야. 아는 사람이 없더라고 아! 이거 큰일 났다 싶은데. 옛날은 저가 어릴 때는, 많은 사람이 옹기의 정체성, 옹기명사들을 알 수 있었는데, 이 옹기명사들을 전연 모르는 거라. 심지어 옹기 하는 사람들도 옹기명사를 제대로 해설하는 사람이 없는 거라. 그래서 아, 내가 더욱 분발해야 되겠고, 옹기에 대한 거를 어떻게 해야 되겠다 싶었는데. 그 나도 막연히 이래 봤는데, 근래 와 이래 보니까 옹기장이가 책을 써야 되는데, 옹기장이가 안 하믄 대학교수, 또 머 어떤 머, 거진 이 도예하시는 분들이 옹기논문을 저술했더라고요. 그때부터 시작해서 인제 '아, 내가 책을 써야 되겠다'. 그때부터 하나하나 인제 자료를 모으고 있는 중이거든요. 모으는 중이고, 저가 인제 두 가지를 생애에 크게 이루었다 하면 두 가지 목적은, 하나는 이 땅에 내가 천주교 신자로서, 왜냐하면 그 우리 옹기 하는 사람들 거진 옛날은 구십 프로가 천주교 신자였으니까 그 박해 때 옹기 기슭에 숨어 살았으니까. 그때 우리가 가장 그 우리가 지식인이 유입될 때가 순조 때부터 박해가 시작될 때 도망 나와서 어디냐 하믄, 옹기 기슭에 인제 숨어 살았지예, 그지예? 그러니까 왜냐하면 옹기 기슭에 산다, 이 별로 상놈 직업을 가졌지만은 옹기장이는 괄세를 안 했다 말이야. 그러니까 거기서 숨어 살 수가 있었고, 목숨을 부지할 수가 있었지요. 그러기 때믄에 고때 양반들이 유입됐고 이 옹기 하는 사람들이 참 상당히 참 지식이 낮아요, 그지예? 그러면서 이 땅에 와서 성당일을 참 많이 했어요, 그지예? 우리 본당 설립까지 모든 과정을 했고, 또 근래에 와가지고 이 마을을 민속마을을 만들라 하다가, 사실 우리 도와주는 분이 없어요. 응원부대가 없어. 가장 긴긴 역사를 갖고 있는 문화지만 누가 도와줄라 하는 사람이 없고, 아무도 없었어요. 말만 뿐이고 일회성에 지나지 않애요. 그

래서 그래도 인맥을 통해가지고 경남도에다 올려놓으니까, 무슨 이야기
냐 할 것 같으면, 느그는 틀작업을 해서 안 된다하더라고 틀, 우리 형틀
작업을 하니까. 자구책으로 이 형틀작업, 자꾸 맥이 끊어져 가니까 기술
자가 없잖아요. 그러다 보니 또 인건비도 싸게 치고, 또 그래 되고 옹기
축제를 시작했지요. 축제를 시작할 때 재미있는 게, 저가 버스, 시내버스
를 타고 울산서 일로{이리로} 여기 왔는데, 그때 내리면서 버스에 탄 사
람이 지나가면서 하는데, 세상에 축제 한다한다해도 옹기쟁이가 축제 한
다 하더라고 나는 기가 차더라고예. 그러니까 인식들이 그렇게 우리를
우습게 봤는 거지요. 축제를 저가 처음 치를 때 축제를 어떻게 치러야
되는지 그 사실 그것도 모르고 한 거예요. 사실 축제가 뭡니까? 우리가
하던 일 고대로 하면 축제인 거라요, 그지예? 그래 어렵지 않습니다. 그
런데 이 대한민국 축제는 뭐냐 할 것 같으면, 이벤트가 가미되야 되고
여흥이 가미 안 되면 이 축제가 안 되는 거예요. 그래서 사람 픽 돌아뿌
겠더라고 돈 없제, 누가 스폰서 한 사람 나서는 사람도 없제. 그래도 마
을에 이 손을 뻗칠라니까, 집안 유지를 안 내세우면 안 되겠더라고 그래
서 마, 자구책으로 그래도 마, 발로 뛰니까 인맥도 형성되고, 인제 우리
가 인제 일곱 번 축제를 마쳤지예. 마치고 지금 옹기 공원화 조성사업이
조성돼가지고, 이제 하면서, 인제 유일하게, 저는 그래요 인제 살면 얼
마나 살겠나, 옹기는 좋고 제 아들래미 인제, 아들이 칠남매 중에 아들
서인데, 서이 다 시기면 옹기를 저는 마 특수하게 머리 안 좋으면 옹기
장이 하믄 마 가장 좋은데……. 한 놈은 막내이는 안 할라그래, 막내는
안 할라그라고, 한 놈은 회사에서 인제 나오라 해가지고 두 놈을 인제
수업 중이거든. 이제 전수해야지예, 그지예? 전수해 놓으면, 그래도 저가
왜냐하면, 이 자부심을 느끼는 거예요 저가 머 힘 있는 게 있나? 그러니
까 우리가 자식이 많다해가 어떤 그, 어떤 용기 있는 거보담도, 저는 그
래도 뿌듯한 게, 저가 인제 받침을 해줄 사람이 있잖아요? 직접적으로

내 수족이 돼서 받침을 해줄, 내 자식 아닙니까? 그리고 내 자식은 계승하기가 쉽잖아요, 전수하기도 쉽고 그래서 인제 금년부터는 저가 틀 다 내삐고 전통쪽으로, 인제, 전통적으로 왜 한국 옹기가 전통적으로 가야 되느냐 하믄, 이 세계에서 가장 한국 옹기가 전통방법으로 가는 것이 세계에서 가장 뛰어난 성형 방법이고 모든 여건을 갖추어져 있어요 우리가 그래서 이거, 저희 세대 같은 경우에는 인정을 몬 받았지마는, 지금 십년 후 되믄예, 이 옹기 배우는 거는 상당합니다, 그지예? 상당하게 인격적으로 아마 그 존경받을 시대가 올 거예요, 그지예?

선생님, 옹기 만드는 일에 대해서 미리 좀 알려 주시겠습니까?

흙을 갖다가 일정한 장소에, 흙을 인제 물로 줘야 되지예, 그지예? 아, 반죽을 하고 그 옛날은, 그 불순물 제거하기 위해 가지고 그 흙을 한 곳에 밟아가지고 반죽을 해가 밟아가지고 재놓고, 인제 낫 깨끼가지고 깎으면서 인제 불순물을 제거하면서 인제 이렇게 그 흙을 에 반죽을 했다 말이야. 반죽을 하고 난 다음에, 고담에 건애꾼이라 하는 뒷일꾼이 흙가래를 늘가주면 우리가 그때부터 옹기를 인제 만들기 시작하지예. 만들기 시작하는데, 옹기가 인제 크게 나누면, 에 설개질이라 해가지고 인제 그 현재 도자기 공법으로 인제 그 전연 두드리지를 않고 만드는 방법이 있고, 고담은 우리가 젤 첨부터 시작할 적에 큰 옹기부터 시작합니다, 그지예? 그러니까 인제 도자기 공법으로 하는 거는 가장 마지막에. 그거를 하면 인제 한, 우리가 인제 한 굴을 마치지예. 우리는 가마라 하는데, 나는 가마라는 표현을 되도록이면 안 하고 싶은데 인제 습관화가 돼 가지고, 가마가 사실 인제 표준어가 돼 있으니까 어쩔 수 없지마는, 한 굴이 마치면 인제 그걸 인제 굴에 옇고 인제 옹기를 서린다 하는데, 그래서 모든 작업이 그렇게 해서 늘 반복되는 거지예. 어떻게 제작되고 어떻게 완성이 되는지, 그거는 이야기하기가 상당히 길지예, 그지예? 모든 공정 과정들이 어렵고 긴 시간이고 직접 봐야 그 공감할 수 있고 그래요

문 일단 흙은 이렇게 작업을 하는 거고, 다른 거는?

답 옹기가 틀린 점은, 어떤 점이 틀리나 할 것 같으면, 현재 도자기 하는 사람들은 그 흙을, 가공하는 공장에서 흙을 사다 씁니다, 그지예? 그 우리 옹기는 머냐 하면, 그렇게 비싼 흙을 사 와가지고는 지금 저렴하게 파는 단순 옹기로 이렇게 규정돼 있는데, 지금 우리가 옹기가 그래도 부가가치가 낮거든예. 지금은 좀 비싼 편이지만, 그래도 우리가 손수 흙을 가공하지 않으던, 마진이 없다는 뜻이지요 그래서 그 모든 과정이 처음부터 끝까지 다 어렵어요 옹기가 인제 생산하는 그 모든 과정들이 상당히 어렵습니다. 전체적으로 그래서 이거는, 이 옹기를 해 보면, 세상은 혼자 살 수 없다카는 게, 답이 나와요 그리고 내가 왜냐하면 지금은 죽을 때 되가, 인제 되니까 철드는데, 옹기가 그래도 이 세상 이치가 모든 것이 옹기에 있다카는, 지금 우리 반죽하는 방법이라든지 중국집에 흙 그 저 그 우리가 우동 가락 같은 거 그런 가락을 이래 보면 이 흙에서 왔습니다. 그 늘이는 방법들이 흙에서 다 나왔습니다. 그리고 물레 돌려서 원심력으로, 우리 손은 일정한 고 위치에만 있으면 되지예, 그지예? 위치에만 있고 높이에 따라 높낮이만 있을 뿐이지, 물레의 원심력을 이용한다는 거. 이 보면 이 산업의 모태라고 볼 수 있지예.

문 그러면 옆에서 도와주시는 분들도 계세요? 일하실 때.

답 예.

문 그런 보조하시는 분들을 부르는 호칭이 있지 않나요?

답 인제 핵심인물은 사실 옹기를 성형하는 사람이지예, 그지예? 옹기는 만든다 소리 안 하고 성형이라 하지요 하나의 형상을 이룬다. 그래서 그만침 어렵다는 뜻입니다, 그지예? 우리가 옹기를 제작하는데, 제작이라는 용어는 맞지 않아요 왜 걸맞지 않나 할 것 같으면, 옹기는 어렵다. 우리가 실질적으로 매일 일을 하고 있지마는 이것도 흙이 반죽만 잘 못 돼도, 에 흙에 질이 좀 힘이 떨어진다 할 거 같으면 옹기가 제대로 성형을 할

수가 없어요. 그래서 옹기는 성형이라 하지요. 하나의 형상을 이룬다. 그
래서 상당히 어려워요.

조 그래서 그 일을 하시는 분을 이제 대장이라고…….

답 그렇지, 대장이고, 그담에 음 내 수족과 같이 움직이는 사람을 건애꾼,
건애꾼인데, 인제 그 하늘 건 자 안 내 자를 해가. 그러니까 옹기 말루고
안에서 우리 옹기대장들 밑에서 수족같이 이 사람들이 보조역할을 해주
는 것이 건애꾼이고, 그담에 지금은 질꾼이 없죠, 생질꾼이, 생질꾼이 없
는데, 옛날에 질종이라 했지요. 질종이라 하면서, 인제 바탕 질에다 인제
장인 종 자를 쓰지예, 그지예? 그래서 이 사람들이 흙만 전문적으로 옛
날에 다루는 사람이 있었어요. 그 사람이 곤매질, 개끼질 그래서 이걸 다
했는거지예. 그담에 인제 날일꾼.

조 날일꾼요?

답 날일은 생일꾼이 날일꾼이나 날 생 자니까 똑같지예. 날일꾼, 나날이 그
사람들이 하루하루 일당을 받아가는 사람들. 고래서 네 개 부분으로 인
제 면이 구성돼 있지요. 날일꾼들은 규정적으로 된 사람들이 아니고, 요
즘은 필요할 때만 쓰고 고담에 보통 한둘이 정도는 계속 쓰지마는 우리
가 머 보통 열 명 정도 이래 쓸 때도 있죠, 그지예? 흙을 다릴 때 이럴
적에는 그냥 그 정도 쓰고, 인제 보통 그렇고 그래서 그 우리가 보통 옹
기대장, 건애꾼, 질꾼, 날일꾼, 네 개 파트로 인제 분류돼 있지예.

조 물레 같은 경우도 되게 다양하던데요, 물레 종류에는 어떤 게 있습니까?

답 물레 종류는 지금 와서 다양하지, 옛날에는 다양하지 않았어요. 옛날에
는 발물레 하나 한 종류밖에 없었어요. 하나밖에 없었고, 지금은 인제 손
물레도 있고예, 손물레도 있고 전기물레도 있고, 그담에 우리가 쓰는 발
물레를, 힘이 들었으니까 인제 모타를 달아가지고, 우리가 그 돌리는 방
법. 그러니까 지금 저가 그 나이가 육십다섯도 지금도 옹기 만들 수 있
는 것이, 왜냐면 별로 피로감을 느끼지 못하고 할 수 있는 것이 그 물레

가 모타를 이용한다는 거. 그러기 때민에 지금은 나이가 좀 많애도, 타름만 타릴 수 있으면 옹기 성형이 가능합니다.

📋 옹기 한 굴을 채워야지 가마작업 하신다고 했는데, 한 굴 되려면 어느 정도 기간이 걸립니까?

📋 인제 굴의 크기에 따라, 굴의 크기에 따라 보통 지금 우리 보편적으로 그 있는 대한민국의 옹기굴은, 그 다 거진 비슷하거든요. 왜 비슷하나 할 거 같으면, 우리가 재료가 얼마가 들어가야 되는데, 나오는 옹기의 그 생산량을 따졌거든예. 그러니까 인건비하고 감안했을 때는 거진 요즘 보편화 돼 있지요. 굴의 크기가, 굴의 크기가 전부 보편화돼 있기 때민에, 지금 이래 지금 우리가 사용하는 이 굴들은 한 달에 한 굴을 할 거 같으면 네 사람이 만들어야 돼. 네 사람이 만들어야 되는데 지금은 인제 일할 일꾼들이 없어요. 그리고 네 사람이 다 한다 하면 인건비가 상당히 많아요. 그리고 지금 그래서 왜냐하면, 딴 집은 틀 작업을 하고 시작해요. 형틀작업을 하잖아요? 형틀작업하는데, 저희 집 같은 데는 인제 형틀 작업을 했습니다. 해다 보니까, 이 많은 이 우리 집단촌에서 누구든지 하나의 이 어떤 자존심을 갖고 전통의 맥을 이어갈 사람이 없습니다. 그래서 금년에 저는 모든 것을 다 치우고, 아 누구 한 사람이라도 전통을 가야 되겠다, 이래 하다 보니까 지금은 일 년에 한 네 굴 정도, 지금 정도 계산한 다면 일년어 잘 꿉어 봐야 네 네 굴 정도밖에 몬 꿉어예. 그러니까 두 달 세 달을 간다는 뜻이지예. 그래서 왜냐하면, 저 가마를 축소를 시켜야 되 겠다. 왜냐하면, 그 왜냐하면 돈이 남든 안 남든 돈의 회전을 돌릴라 할 거 같으면, 어쩌든지 한 달에 한 굴은 해야, 인건비 우리가 날품이라도 충당할 수 있어야 되지예. 우리가 거 머 영세업자가 돈을 재놓고 사는 사람도 아니고, 인건비가 지출하고 재료비가 지출될 적에는 막연하게 어 떤 재료비 같은 거는 삼개월 외상할 수는 없잖아요? 그래, 그래, 가장 편 한 방법은 한 달에 한 굴 나오는 것이 가장 편한 방법이죠. 그래서 이 굴

을 축소를 더 시켜야 돼.

문 그리고 유약 입히는 단계는?

답 그 유약 입히는 거는, 유약이라 안 하고 우리가 잿물이라 하지요 잿물이라 하지요 그건 왜냐하면 재하고 그 약토, 그 약토라카는데 에 산에 가믄 인제 그 가랑잎이 썩어가지고 땅이 새카맣잖아요? 그 철분이 많이 함유돼 있는 거지, 있는데, 이거를 그 지역에 따라 또 틀리예, 그지예? 지역에 따라 틀리기 때민에, 어떤 데는 일대일로 하는 데도 있고, 재 또 이 부엽토가 이 국물이 그 인제 많이 나는 인제 그런 약토는 걸러 우리가 체에 거를 때 양이 많이 나는 이런 거는 재를 두 배를 더 옇습니다, 그지예? 그거는 정확하게 일대일 이대일 이 정도 해가지고 걸러서 그 우리가 그걸 잿물이라 하지요 그래서 왜냐하면, 이 잿물을 입힌다, 우리 보통 글 써 난 데 보면, 논문을 써 난 데 보면, 이 천연, 천연유약의 옹기 잿물이다, 그런데 잿물을 입힌다 이건데 우리는 입힌다 소리 안 합니다, 우리는 친다 잿물을 친다, 그러니까 우리가 왜냐하면 그니까 잘 생각해 보면, 우리 팽이를, 팽이를 돌린다 안 하고 친다 하거든요 우리도 마찬가지라. 이거를 돌리면서 이 잿물을 그 입히니까 친다 하는 거라, 친다 하는 거야. 그래서 잿물로 치지예, 거의 천연유약으로요 그래서 일부 사람들은 화공약품을 감미할 수도 있고예, 천연유약을 썼을 때, 에 소성 온도가 천이백도

문 그러면 문양 같은 거는?

답 문양 같은 거는, 저희들 신나면 썩 재밌게 기리고 신나지 않으면 머 안 기릴 수도 있고 머 건성으로 그릴 때도 있고 머 그렇습니다.

문 그때그때 달라지네요

답 예, 그때그때 상황에 따라가…… 엿장사 마음대로 하디마는, 우리 마음대롭니다.

문 그렇구나. 주로 그리시는 문양은?

🈳 문양은 거진 그 우리가 대표적인 게 난이라고 볼 수 있는데, 난초 좀 신나면 나비도 한 마리 그리고, 쪼금 더 신나면 물고기도 한 번 그리고 옛날 천주교 신자들이 박해 때 물고기를 그 신앙하고 좀 좀 많이 연관성이 있기 때민에, 물고기 표시를 많이 했습니다. 그담에 또 사대부가에서 맞춤이 옵니다, 그지예? 아, 나는 어떤 문양으로 어 해 달라 하면 그 문양대로 우리가 그 연친다 하는데, 에 그 연을 친다, 연친다 환친다카거든예. 환친다 하는 게 둥글 환 자거든. 둥글게 그림을 그린다 하는데, 인제 그거는 그러니까 바로 인제 글을 새기든지, 꽃문양을 하든, 어떤 맞춤이 들어왔을 때는 술이나 한잔 근사하게 봐 주고 떡이나 좀 마 보내 주면, 요즘에 머 떡 별 볼일 없지마는, 옛날에는 그림 속에 떡입니다, 그지예? 옛날에 떡 귀할 때는 떡이라도 좀 보내 주면, 우리가 정성스럽게 조각도 하고 그림도 그려 주고 그래서 옛날에 왜냐하면, 그냥 옛날에 옹기 상놈인데, 그지예? 옹기 하는 분이 상놈인데, 그 중에서도 사대부가에서 유일하게 로비를 받았고 사대부가의 술을 얻어먹고 떡을 얻어먹은 거는, 우리 옹기장이뿐입니다. 상놈이……. 그래서 옹기가, 옹기 이거요, 상놈 소리 듣지만 옹기쟁이는요, 그 사실 상당했습니다, 그지예? 상놈이지마는 괄세를 안 했습니다. 관원들이 사대부가에서 별로 괄세를 안 했어예. 우린 막강한 위력을 갖고, 그릇 문화가, 그때는 조선조만 하더라도 그릇이 최고 아입니까?

1.2. 조사 마을

1.2.1. 울주군 온양읍 외고산 옹기마을 소개

[사진 10] 옹기마을을 상징하는 독 모형

[사진 11] 마을 곳곳에서 볼 수 있는 옹기들

울산광역시 울주군의 외고산 옹기마을은 세계적으로 유일한 옹기 생산국인 우리나라에서 50% 이상의 옹기를 생산하고 있는, 전국 최대의 옹기마을이다.

외고산 옹기마을은 1950년대부터 옹기를 굽기 시작하여 1960년대부터는 전국 각지에서 350여 명의 도공들이 모여 옹기를 서울에 공급할 뿐 아니라 미국, 일본 등 외국에까지 옹기를 수출하였고 1980년대에는 책자로 소개되어 외국 도예가들이 방문하면서 번성기를 누렸다. 1980년대 이후 산업화로 옹기 수요가 줄고 옹기 문화에 대한 관심도가 낮아지면서 지금은 128가구 중 40여 가구가 옹기업에 종사하면서 그 맥을 잇고 있다. 현재 옹기마을 주민들은 현대인들의 취향에 맞도록 고대와 현대가 어우러진 옹기를 생산하는 등 옹기 제조의 활성화를 위하여 노력하고 있다.

1950년대까지만 해도 이곳은 30여 가구가 모여 살았으며, 생활이 어려운 마을이었다. 한국전쟁을 겪으면서 부산에 많은 피난민이 모여들면서 옹기가 많이 필요했다. 마침 경상북도 영덕에서 옹기공장을 하던 허덕만 씨가 부산에 가까운 곳을 찾다가 이곳에 와서 땅을 얻어, 공장을 짓고 가마를 만들어 옹기를 굽기 시작했다. 이때가 1957년이다. 보릿고개로 어려운 시기라 옹기를 배우려고 하는 사람과 각지의 도공들이 몰려와 급속도로 마을이 성장했다. 이후 이 마을 창시자 허덕만 씨가 작고하고 나서도 그 제자들이 하나하나 공장을 일으켜 지금의 옹기마을을 만들었다.

울주군은 이 마을에 옹기회관을 건립하고 이곳에서 생산되는 옹기를 전시 판매하도록 했다. 옹기회관은 2층 건물로 옹기업자들의 공동판매로 운영되고 있고 전시실과 실습실이 마련되어 있어 이곳을 찾는 방문객들이 직접 옹기를 제작할 수 있도록 되어 있다. 또 2000년부터 매년 10월 옹기 축제를 이곳에서 열고 있는데 이때가 되면 울산사람들은 물론이고 부산 등지에서도 갏은 사람들이 몰려와 옹기가 만들어지는 과정을 보고 또 옹기 생산에 직접 참여한 후 옹기를 사 가기도 한다.[1]

1.2.2. 조사 마을의 환경과 배경 구술

問 이 마을은 언제, 어떻게 형성되었습니까?

答 이 마을이 그, 조성된 그 근본 원인들이 뭐냐면, 첫째 왜 떠나가야 되느냐? 참, 그 전성기를 누렸잖아요? 전성기를 누렸는데, 왜 떠나가야 되냐 할 거 같으면, 자꾸 실패를 한다 말이야. 실패를 자꾸 옹기가, 옹기가 자

---

[1] 울주 외고산 옹기마을 홈페이지 http://onggi.invil.org/ 참조.

꾸 실패를 하니까. 왜 실패합니까? 그곳에는 이미 기술이 필요 없는 흙이 있단 말이에요. 그 양질의 흙이 고갈돼 뼈렸으니까, 떠날 수밖에 없는 거라. 그러면 거기서는 폐점이 된다 말이야. 그래 옹기를 점촌이라 했습니다, 그지예? 독점이라 하고 점촌이라 했습니다. 그담에 옹기굴, 모든 것 설립의 근본 목적은 굴이, 굴입니다. 굴은 환경에 따라 이십도 내지 삼십도 경사도가 져있고, 그러니까 그래서 떠나가는 겁니다. 그래서 둘째 목적은 머냐 할 거 같으면, 장사가 돼야 돼. 잘 팔려야 될 거 아입니까? 그믄 잘 팔리는 곳에 가, 첩첩산중에 드가 지 옹기 해가지고 옹기 팔아 팔 데가 어디 있습니까? 어디 등짐 지고 오는 것도 한짐인데. 한정이 있제. 그래서 두 번째는 목이 좋아야 된다, 장사목이 좋아야 된다. 장사가 잘 돼야 돼. 고게 인제 근본 목적이 두 가지 목적이지예. 그래서 이 외고산마을이, 이 여기가 집단옹기마을로 마지막 옹기촌이라고 보면 됩니다. 이제 가장 전성기를 근세에 와서 가장 우리 건국 초기부터, 인제 전성기를 누렸던 곳인데, 이것이 머냐 하면 우리나라에서 가장 옹기가 많이 팔리는 곳이 부산이었고, 부산은 뜨내기 많았잖아요? 판자촌에, 판자촌에 살아도 옹기 없이는 살지를 못했단 말이야. 그리고 물이 얼마나 없었습니까? 옛날에, 요즘 고무통은 고무통대로, 옛날에 그거 머 수돗물이 제대로 나왔습니까, 삼밴달에{산비탈에} 그때 머가 필요하나? 옹기단지가 필요했단 말이야. 그러니까 엄청나게 맞아 떨어졌는 거지, 그지예? 그래서 이곳이 바로 옹기촌으로서 크게 늘고, 여기 때미래{때문에} 딴 곳은 거진, 경북지방은 거진 문을 닫았어예. 그리고 그 전라도 지방도 우리가, 우리 뛰어난 기술, 고담에 흙, 지역적 환경, 판로 이것이 다 좋으니까, 왜냐하면 이 영세업자들이 사실적으로 우리가 경제적으로 좀 윤택하다 보니까 멀리 상권까지 다 잡았죠, 전라도 상권까지 다 잡았잖아요? 충청도 일부하고 그러다 보니까 여기가, 옹기에 종사하는 세대수가 한 이백여세대가 됐죠. 그래서 여기가 마을이 형성된 적은 천오백, 천구백

오십칠년 경북 영덕 저희 고향 양반인데, 아버지하고 친구 지간인데, 허덕만 씨란 분이 처음 이 여기서 처음 정착해서 그 양반이 이 마을의 창시자지예. 그래서 우리가 머 이 마을이 우리 영덕사람이 거진 한 반수가여 차지해요. 그리고 내가 영덕 우리가 그 전성기에는 영덕에서, 저가 자라고 성장한 그 과정에서는 육이오사변 그 직후에는, 영덕대게보다 영덕 옹기를 더 알아줬습니다. 그만치 부산에서는 영덕 옹기가 인기를 끌 때가 있었습니다.

문 그러면 선생님께서는 여기 언제 오셨어요?

답 저는 여기 올 적에 육십삼년도 들어왔고예.

문 그때랑 지금이랑 많이 바뀌었죠? 어떤 점이 특히 많이 바뀌었는지요?

답 지금은, 그때는 우리가 마, 자꾸 이 번창이 됐지, 그지예? 자꾸 번창이 됐고, 그러다 보니까 이 울주군에는 스물네 개 옹기공장이 있었다고 그러이, 한 공장에 평균 날일꾼까지 벌여먹고 살 수 있는 사람이, 고정적으로 벌여먹고 살 수 있는 사람이 평균 열둘이 내지 십사 명이, 열네 명이, 그러이 열네 명썩이면 이십사 개 공장이면 얼마 숫자를 해 보면 상당한 많은 숫자지요, 그지예? 그 많은 사람들이 여기서 다 먹고 살 수 있었고, 여기서 정착해 가 좀 살다가 우리가 머 날일 하는 사람들도 여기 정착하면예, 우리가 선금을 줍니다, 그지예? 선금이 어떤 선금을 주냐, 우선 여기 와서 이불까지 그릇, 옷까지 살 수 있는 이런 간단 요런 거 생활비를 선금을 줍니다. 그담에 무조건 방 한 칸을 제공해 줍니다, 무료로 옹기 업이요, 뭐가 좋으냐 할 거 같으면, 옛날 긴하고도 긴한 방이라도 방 한 칸 부엌 하나 있는 방은 다 줬습니다. 지금 우리 방들이 컸지마는 옛날은 우리 여덟 자 방에요, 다서여섯 식구가 먹고 살았습니다. 그때는 그래 생각하면, 그때는 우리가 왜냐하면, 상당히 여기서 울산이 이 산업도시로 인제 팽창돼 갈 적에 그 사람들이 우선 여기 와서 먹고살라 하니까 세를 줘야 되잖아. 딴 데 가면 정착할 수 없으니 여기 일부 정착해 있다

가 딴 회사로 간 사람들이 상당히 많지예. 상당한 숫자가 여기서 잠시 머물고 가고, 갔잖아요

問 그러면 마을 주민들 대부분이 옹기일을 했습니까?

答 여기는 요 마을이 이 외고산이라 하는데, 이 바깥 외 자를 써요. 고산 마을이 셋 동넨데, 저 안쪽에는 안고산, 중고산, 바깥에 있는, 그래서 외고산이라. 바깥 외 자에 외고산인데, 요 마을이 셋 동네가 이루어져 있습니다. 조 길거머는 불매골이라 합니다. 먼젓번에 우리, 그 점심 자셨던 곳이, 고기는 불매골이라 하는데, 에 고 동네가 전형적으로 농사만 짓는 데고, 우리 요기가 요 외고산마을이, 요기가 전부 옹기에 인제 주로 종사하는 양반들이 살고 있고, 에 요 밑에는 시비골이라 해가지고 옛날에 보면, 논에도 푹푹 빠지는 곳을 시비골이라. 그런데 고 마을이 인제, 해서 요 머 바로 닥닥 붙어 있지마는 그래도 옹기종기 뭉쳐 산다 할까, 모여서 사니까 셋 동네 얹혀서 외고산이라 부르지예. 그 이 사람들도 육십년대 칠십년대까지는 여기서 다 품팔이하고, 옹기장사하면서도 사실 상당한 소득을 기했지요. 그래서 우리가, 옹기가, 옹기한 사람들이예, 그래도 이 복장이 커예. 돈을 잘 만지니까. 옛날 시골에서 주막에 앉아가지고 막걸리 한 주전자 제대로 마음 놓고 마실 수 있는 거는 옹기장이뿐이 없어요 소득이 가장 높았으니까. 이 공무원 그때는 저 아래 가라 했습니다. 이 우리 남창에요, 우리 여 식당하고 술집들이 우리만 뻔히 기다리고 있었습니다. 그만침 우린 막강했습니다. 그러이 옹기가, 우리가 비록 영세하지마는 지역 소득 증대에는 엄청나게 기여한 업종입니다.

問 지금도 여기 마을 주민 대부분이 옹기일을 합니까, 그건 아니죠?

答 지금은 한 사십여 세대가 옹기에 종사하지예. 근데 지금은 옛날에 옹기 종사하시는 분들도 인제, 이건 인건비가 낮으니까 많이 딴 직장을 많이 옮겨갔지예. 그래 여기 살면서도 딴 곳에 직장을, 옛날 옹기하시던 분들이 딴 직장을 옮겨간 분들이 많아예.

2. 조사된 어휘

2.1. 옹기의 개념

[사진 12] 옹기1-날그릇

[사진 13] 옹기2-장독대

[사진 14] 옹기3-장독들

옹기(甕器)를 사전에서 찾아보면, '질그릇과 오지그릇을 통틀어 이르는 말'로 정의되어 있다.[2] 여기서 질그릇은 '잿물을 덮지 아니한, 진흙만으로 구워 만든 그릇'으로, 오지그릇은 '붉은 진흙으로 만들어 볕에 말리거나 약간 구운 다음, 오짓물을 입혀 다시 구운 질그릇'으로 각각 풀이되어 있다.

일반적으로는 찰흙으로 만든 독그릇을 가리켜 옹기라고 부른다. 즉, 우리가 '독'이나 '단지' 등으로 일컫는 질박한 그릇들이 모두 옹기에 속하는 것이다. 그런데 실제로 옹기장들은 질그릇이니 오지그릇이니 하는 분류를 하지 않는다. 질로 만든 그릇은 모두 옹기라고 말하는 옹기장이 있는가 하면, 점토를 갖고 만들어서 유약을 발라서 초벌에 완전히 굽는 것을 옹기라고 정의 내리는 옹기장도 있다. 그러므로 오늘날 사용되는 옹기의 대부분이 잿물(유약)을 입힌 그릇이라는 점을 고려하여 옹기의 개념[3]을 재정의할 필요가 있을 것이다.

---

2) <표준국어대사전> 참조.
3) 옹기의 개념에 대한 자세한 내용은 김정대(1989), 정병락(2000), 송재선(2004) 참조.

2.2. 도구

2.2.1. 성형 도구

1) 가새칼

그릇 가를 깨끗이 깎는 데 사용하는 나무칼을 이른다. 바닥의 크기를 정한 후에 물레를 돌리면서 가새칼로 필요 없는 부분을 잘라 낸다. 이때, 정금대를 사용해서 치수를 잰 후에 가새칼을 세워서 원형으로 자르는데, 물레의 원심력을 이용하기 때문에 원

[사진 15] 가새칼

하는 만큼만 정확하게 자를 수 있다. 또 그릇의 크기에 따라 사용하는 가새칼의 종류도 달라진다. 이 칼은 옹기를 성형하기 시작하는 단계에서도 사용하고, 성형을 끝낸 후에 물레에서 그릇을 떼 낼 때에도 사용한다.

2) 감잡이

전 잡는 일을 마무리할 때 쓰는 아주 부드러운 천을 이른다. 이것을 사용하면 마치 여자 눈썹을 그리듯이 가늘고 날카로운 전을 만들 수 있다. 경우에 따라서는 '물

[사진 16] 감잡이

가죽'이나 '물갖'과 같은 뜻으로 사용하기도 한다. <표준국어대사전>에서 '감잡이'라는 말을 찾을 수는 있으나 뜻이 전혀 다르다.

3) 근개

옹기를 성형할 때 그릇의 안과 바깥을 고르는 데 쓰는 도구이다. 바깥
근개와 안근개, 두 종류가 있다. 요즘은 주로 쇳조각을 사용하지만, 옛날
에는 감나무를 잘라 만들었다고 한다. 선후관계는 확실치 않지만, 제보자
가 근개를 가지고 긍긴다는 표현을 쓰는 것으로 보아서 '긍기다'라는 낱말
과 관련이 있는 것 같다. '긁(다)'가 되었든지 다른 무엇이 되었든지, '근개'
의 어원이 무엇인지 밝혀 보는 일도 흥미로울 듯하다.

4) 도모(돌못)

부채질을 할 때 그릇벽 안쪽에 대고 두
들기면서 그릇 표면을 고르는 도구이다.
앞부분은 도장같이 생겼는데, 둥글고 표
면이 울퉁불퉁하다. 뒷부분은 손으로 잡
을 수 있게 홈이 파져 있다. 이러한 특이
한 모양 때문에 도모 자국이 그릇에 남게
된다. 옛날에는 자국을 그대로 두었지만,
요즘은 철판으로 긁어서 자국이 남지 않
게 만든다고 한다. 부채질을 할 때 그릇
안쪽에 도모를 받친 상태에서, 바깥면을
부채로 두들기게 되는데, 이때 도모를 정
확하게 대어야 몸살이 풀린다고 한다. 만

[사진 17] 도모1-앞면

[사진 18] 도모2-뒷면

약에 부채질을 잘못해서 도모의 모서리에 맞게 되면 '찡 맞는다'고 한다.
'돌못'이나 '돌목', '도개', '조막'이라고 부르기도 한다. '도개'는 <표준국어
대사전>에 등재된 낱말로, 그 뜻은 '질그릇 따위를 만들 때, 그릇의 속을
두드려서 매만지는 데 쓰는 조그마한 방망이'라고 풀이되어 있다. 그러나

방망이로 보기에는 조금 무리가 있고, '도모' 등의 형태를 단순히 '도개'의 방언형으로 처리하기에도 무리가 있는 듯하다. 이 도구의 명칭에 대해서 생각해 볼 거리가 무척 많다.

5) 막재비

마지막 전을 잡을 때 쓰는 감잡이 또는 물갖을 이른다. 전을 잡는 차례에 따라 사용하는 물갖이 다른데, 세벌 전을 잡을 때 사용하는 물갖을 특별히 '막재비'라고 부르는 것 같다. '마지막 감잡이'의 준말인 '막잡이'에서 변화한 것으로 보인다.

6) 물가죽

그릇의 전을 잡을 때 사용하는 헝겊 조각으로, '물갖'이라고도 부른다. 전을 잡는 차례에 따라 길이와 너비가 다르다. 작업할 때는 보통 도구들이 담긴 물통 위에 걸쳐 놓고 필요할 때 수시로 물을 묻혀서 사용한다. 실제로 옛날에 구둣방에 가서 가죽을 사서 사용하기도 했다고 한다. 또 물을 잘 흡수하는 무명천을 사용하기도 했다고 한다. 제보자는 중절모를 잘라서 물가죽으로 사용하는데, 부드럽고 물을 잘 흡수해서 좋다고 했다.

7) 물갖

옹기의 전을 잡는 데 쓰는 천을 이른다. 물이 잘 스머드는 천을 사용하며, '물가죽'이라고도 부른다. '가죽'의 옛말인 '갖'이 방언에 남은 결과로 보인다.

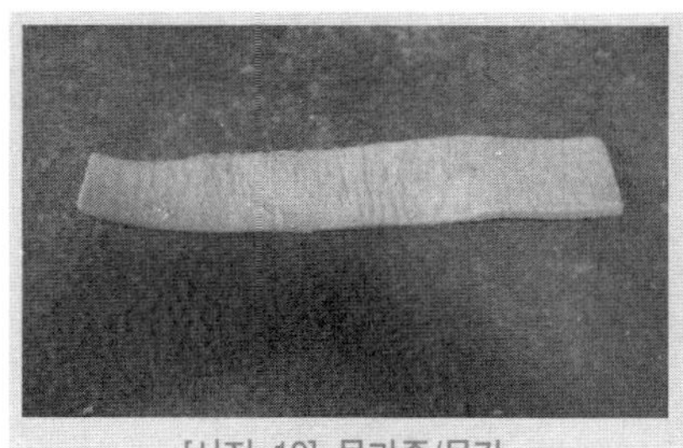

[사진 19] 물가죽/물갖

[사진 20] 여러 가지 물가죽

8) 물레

그릇을 성형하는 데 사용하는, 원반 모양의 도구이다. 옹기를 만들 때 사용하는 물레는 대개 지면보다 약간 낮은 위치에 놓인다. 옹기대장이 물레칸에서 작업할 때에는 주로 발물레를 사용하는데, 시계 반대 방향으로 물레를 돌려서 그릇을 성형한다. 요즘은 발물레에

[사진 21] 물레-발물레

모터를 부착해서 예전보다 작업하기가 수월해졌다고 한다. 옛날에는 발물레 한 종류밖에 없었지만, 지금은 손물레, 발물레, 전기물레 등 물레의 종류가 다양해졌다.

9) 물찍개

그릇을 만드는 동안 물을 적시는 데 쓰는 천을 이른다. 물을 잘 흡수하는 천을 사용하는데, 전을 잡는 데 사용하는 물가죽과 달리,

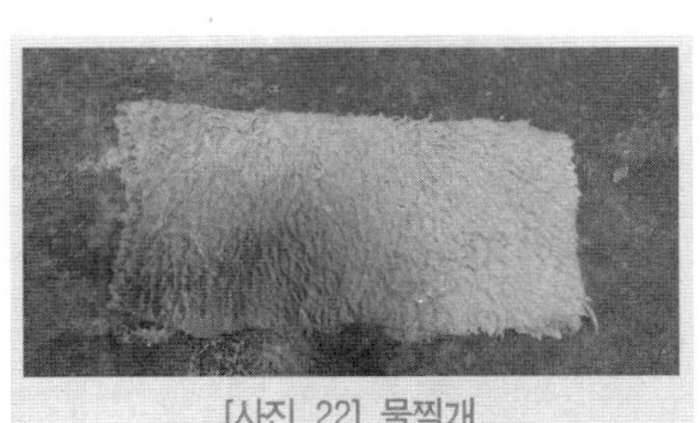

[사진 22] 물찍개

물찍개는 그릇을 만드는 동안 흙이 마르지 않게 물을 적셔 주는 데에만 사용한다. 스펀지, 무명천, 수건 등 물을 많이 머금을 수 있는 감이면 모두 물찍개로 사용할 수 있다고 한다. '물을 찍는 도구'라는 뜻에서 나온 말로 보인다.

10) 바깥근개

그릇 바깥쪽을 다듬을 때 사용하는 근개이다. 사다리꼴 모양으로 생겼으며 옛날에는 감나무를 주로 사용했다. 오늘날은 쇠를 잘라 사용하는 경우가 많다. 근개질을 할 때 그릇의 안쪽에는 안근개, 바깥쪽에는 바깥근개를 대는

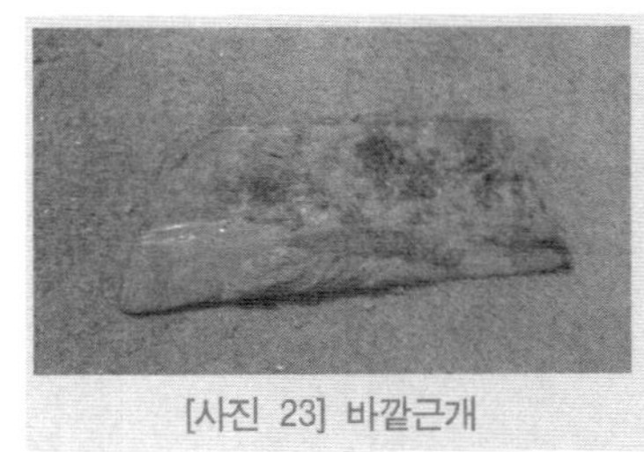

[사진 23] 바깥근개

데, 그릇벽을 사이에 두고 두 종류의 근개를 서로 밀착시켜서 옹기면을 고른다.

11) 발물레

발의 힘을 이용해서 돌리는 물레이다. 옛날에는 물레 종류가 발물레 한 가지밖에 없었는데, 옹기대장들이 발물레를 돌리느라 다리를 많이 써서 달리기를 잘 못했다고 한다. 요즘은 모터를 달아서 작업하기가 훨씬 수월해진 셈이다.

12) 방망이

옹기의 바닥을 치는 데 사용하는 도구이다. 나무를 깎아 만들었는데, 둥그

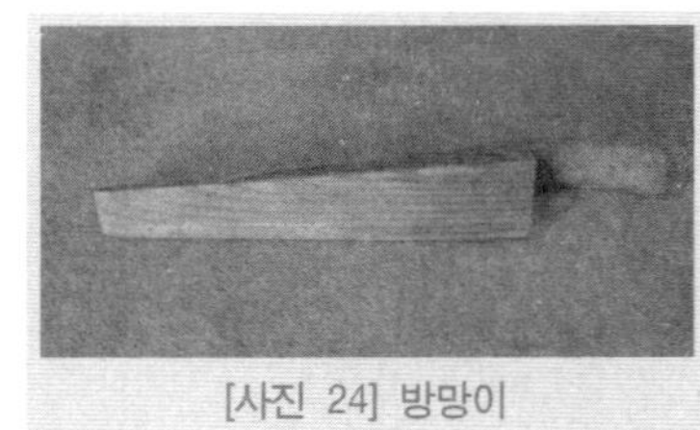

[사진 24] 방망이

스름하고 길며 손잡이가 달려 있다. 경우에 따라 근개 대용으로 그릇면을
다듬는 데 사용하기도 한다.

13) 부채

그릇의 몸을 늘일 때 쓰는, 나무로
만든 도구이다. 한쪽은 부챗살처럼 홈
이 파져 있고, 다른 한쪽은 매끄러운데,
각각 '부챗살, 빗살', '평면'이라고 부른
다. 아시부채질을 할 때에는 부챗살로

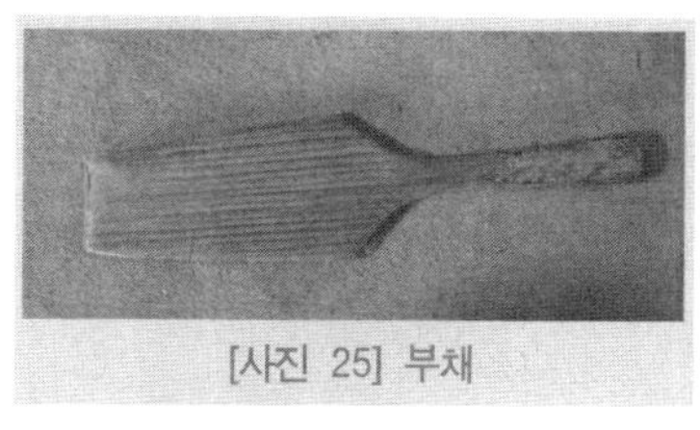

[사진 25] 부채

두들기고, 두벌부채질부터는 평면으로 두들긴다. 부채질을 할 때 부채는
그릇의 바깥을 두들기는 데 사용하며, 이때 안쪽에는 도모를 받친다. 전라
도 지방에서는 이를 '수래'라고 부르기도 한다.

14) 손물레

손의 힘을 이용해서 돌리는 물레이다. 주로 작은 그릇을 만들 때 사용한다.

[사진 26] 손물레

15) 안근개

　그릇 안을 다듬을 때 사용하는 근개이다. 사다리꼴 모양으로 각이 진 바깥근개와 달리, 안근개는 그릇 안의 곡면에 맞아야 하므로, 각진 곳이 없이 전체적으로 둥근 모양이다. 큰 그릇을 만들 때는 그릇 깊숙이 손이 닿지 않으므로 'ㄱ'자 모양의 긴 근개를 사용한다. 근개질을 할 때 그릇의 안쪽에는 안근개, 바깥쪽에는 바깥근개를 대는데, 그릇벽을 사이에 두고 두 종류의 근개를 서로 밀착시켜서 옹기면을 고른다.

[사진 27] 안근개1－둥근형

[사진 28] 안근개2－ㄱ자형

16) 전기물레

　전기의 힘을 이용하여 돌리는 물레이다. 요즘 생긴 물레의 한 종류로, 그릇을 성형할 때 손물레나 발물레에 비해서 힘이 덜 드는 장점이 있다.

17) 조막

　부채질을 할 때 그릇벽 안쪽에 대고 두들기면서 그릇 표면을 고르는 도구이다. 도장같이 생겼는데, 그릇에 닿는 부분이 둥글고 울퉁불퉁하다. 제보자의 설명에 따르면, 조막만하다고 해서 붙여진 이름이다. '도모, 돌못, 돌목, 도개' 등으로 부르기도 한다.

2.2.2. 가공 도구

1) 감투메

감투 모양으로 생긴, 흙을 다듬는 메이다. 이를 '탕건메'라고 부르기도 한다.

2) 곧메

흙을 두들기는 데 사용하는 메이다. 가늘고 길게 생겼는데, '곤매, 곳매, 꽂매, 곳메'로 표기하는 경우도 있다. 제보자는 '두드릴(곤)' 자를 써서 '곤메'라고 했다. 그러나 옆메질에 대응하여 '바로 친다'는 의미로 사용하였고 문헌에 '곧메'라는 형태가 있었으므로, '곧메'를 올림말로 삼았다.

[사진 29] 감투메

[사진 30] 곧메

3) 깨끼칼

흙을 깨끼는 데 사용하는 칼이다. 깨끼칼은 흙깎기낫과 그 기능이 같다.

4) 뚱메

흙을 다듬을 때 쓰는, 뚱뚱하게 생긴 메이다. 떡메와 비슷하게 생겼으며, 몸체가 굵고 길이가 짧다.

5) 탕건메

탕건 모양으로 생긴, 흙을 다듬는 메이다. '감투메'라고 부르기도 한다.

6) 흙깎기낫

깨끼질을 할 때 사용하는 낫이다. 일반 낫을 사용하지 않고 흙을 깎아내는 데 편리하도록 대장간에 가서 주문 제작해서 사용했다고 한다. 일반 낫에 비해, 날 부분이 모서리를 삐질 때 유리하도록 만든다.

[사진 31] 흙깎기낫

[사진 32] 일반낫과의 비교

2.2.3. 운반 도구

1) 들보

성형한 그릇을 물레에서 밖으로 옮길 때 싸는 천을 이른다. 대개, 두 사람이 큰 그릇을 옮길 때 사용한다. 들보를 사용하지 않으면, 큰 그릇의 경우에는 들어낼 수가 없다고 한다.

[사진 33] 들보

[사진 34] 들채

[사진 35] 들채로 그릇을 옮기는 모습

2) 들채

성형한 그릇을 물레에서 밖으로 옮길 때 싸는 채이다. 주로 작은 그릇을 혼자 옮길 때 사용한다. 예를 들어, 뚜껑 종류는 들채 두 개를 대서 혼자서 옮긴다고 한다. 두 사람이 들 경우도 있는데, 그때는 한 사람이 들채 한 개씩을 대서 그릇을 옮긴다고 한다.

2.2.4. 측정 도구

1) 잣대

그릇의 치수를 잴 때 사용하는 막대기를 이른다. '정금대' 또는 '자'라고 부르기도 하는데, 그릇의 크기에 따라 잣대의 종류가 다양하다. 제보자는 옹기의 특징 중의 하나로, 일찍부터 잣대를 사용했다는 사실을 들었다.

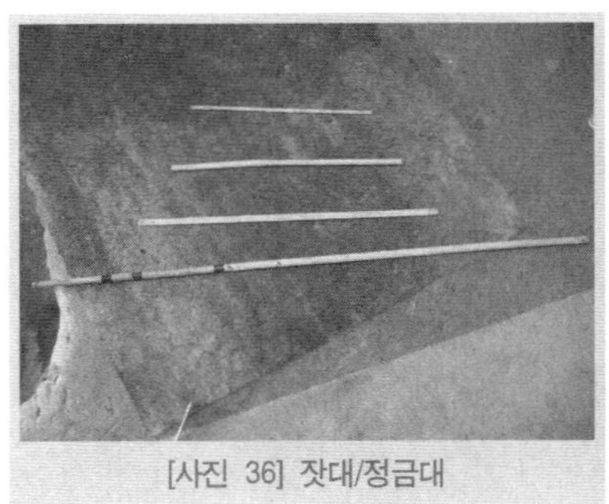

[사진 36] 잣대/정금대

[사진 37] 정금대로 바닥 치수 재기

2) 정금대

그릇의 치수를 잴 때 사용하는 막대기를 이른다. 바닥의 크기를 일정하게 맞출 때나 그릇의 높이를 잴 때 사용한다. 그릇의 너비나 높이에 따라 잣대의 길이가 다양한 것이 특징인데, '잣대' 또는 '자'라고 부르기도 한다.

3) 키정금

독의 키를 재는 데 사용하는 정금대이다. 가로로 눕혀서 바닥의 치수를 재는 정금대와 달리, 키정금은 세로로 세워서 그릇의 높이를 재는 데 사용한다.

2.2.5. 장식 도구

1) 문양 넣는 도구

옹기에 문양을 넣을 때 사용하는 도구이다. 이것을 그릇에 대고 돌리면 꽃문양 등이 새겨진다고 한다.

[사진 38] 문양 넣는 도구들

2.2.6. 가마 도구

1) 곤돌

가마에 서릴 때 그릇의 수평을 잡기 위해 사용하는 받침대를 이른다. '곰돌'이라고 부르기도 하는데, 이는 '굄돌'의 방언으로 보인다.

2) 공뚜껑

가마에 그릇을 서릴 때 알배기를 넣기 위해서 단지 사이에 끼우는 판이다. 흙으로 만드는데, 산소가 들어가도록 구멍을 내며, 한 번 굽고 나면 버린다. 제보자는 공짜배기라서 붙은 이름이 공뚜껑이라면서, 힘을 들여 만들어도 품을 쳐 주지 않는다고 말했다. 공뚜껑을 사용한 지는 그리 오래 되지 않았다.

[사진 39] 공뚜껑1 – 윗면

[사진 40] 공뚜껑2 – 옆면

2.2.7. 기타

1) 물버지기

옹기를 제작하는 데 사용하는 도구들을 보관하는 그릇을 이른다. 방망이, 부채 등 나무로 만들어진 도구가 대부분이어서 물에 담가 두지 않으면 안 된다고 한다. 물버지기 위에는 물가죽들을 종류별로 걸쳐 놓고 필요할 때 꺼내어 쓴다.

2) 불두레

큰 독을 만드는 동안 그릇을 말리는 데 쓰이는, 불이 담긴 통이다. 그 모양이 두레박처럼 생겼다고 해서 붙은 이름인 것 같다. 요즘은 주로 숯불을 넣은 깡통에 철사를 매달아 독 안에 넣는데, 옛날에는 철사 대신에 새끼를 꼬아서 매달았다고 한다.

3) 불버지기

큰 독을 만드는 동안 그릇을 말리는 데 쓰이는, 불이 담긴 그릇을 이른다. 불두레와 같은 기능을 한다.

[사진 41] 물버지기

[사진 42] 불버지기

4) 잿물통

잿물을 담는 그릇이다. 보통 큰 고무통에다가 잿물을 넣고, 그릇에 잿물을 칠 때 그 통에다가 그릇을 담갔다 꺼낸다.

2.3. 재료

2.3.1. 흙

1) 곱질

손잡이를 댈 때 쓰는 무른 흙을 이른다. 물통에 담가 두었다가 꼭지를 붙일 때 쓴다. 줄여서 '곱'이라고 부르기도 한다.

[사진 43] 곱질

2) 다린질

반죽이 다 된 흙을 말한다. 흙을 반죽하는 것을 흙을 다린다고 표현하기도 하며, 다린질 대신에 '익은질'이라는 말을 사용하기도 한다.

3) 목질

손잡이 등의 꼭지를 달거나 띠를 놓을 때 쓰는 무른 흙을 이른다. 물통에 담가 놓았다가 쓰며, '곱질'이라고 부르기도 한다.

4) 보토

보드라운 흙을 말한다. 바닥을 치기 전에 물레 위에 보토를 뿌리는데, 이렇게 하는 이유는 그릇이 물레에 붙지 않게 해서 성형이 끝난 후에 그릇을 손쉽게 떼 내기 위해서이다.

[사진 44] 보토1

[사진 45] 보토2

5) 부엽토

풀이나 낙엽 따위가 썩어서 된 흙을 이른다. 옹기의 유약인 잿물의 재료로 쓰이는데, '약토'라고 부르기도 한다.

6) 생질

옹기의 재료가 되는 흙이다. 토련기가 나오기 전에는 흙만 전문적으로 다루는 질꾼 혹은 생질꾼이 따로 있었다고 한다.

7) 약토

가랑잎 따위가 썩어서 된, 철분이 많이 함유된 흙을 말한다. 잿물의 재료로 쓰인다. 잿물을 만들 때 약토와 재를 섞는 비율에 따라서 옹기의 색깔이 달라진다. 재의 비율이 많을 때는 녹색을 많이 띠고, 재의 비율이 적을 때는 검은색이 많이 띤다고 한다.

8) 익은질

반죽이 다 된 흙으로, '다린질'이라고 부르기도 한다.

9) 점토

작은 알갱이로 이루어진 부드럽고 차진 흙이다. '찰흙'이라고 부르기도 하는데, 옹기를 만드는 재료로 사용한다.

10) 질

질그릇의 자료로 사용되는 흙으로, 옹기의 재료를 이른다. 질꾼이 직접 흙을 메로 치고 발로 밟아서 반죽을 하였으나, 요즘은 토련기 같은 흙을 이기는 기계를 이용해서 옹기의 재료를 준비한다. 흙뭉

[사진 46] 질

치를 필요한 만큼 잘라서 쓰임새에 맞게 다시 반죽을 하기도 한다.

11) 흙가락

옹기를 만드는 데 쓰는, 가늘고 긴 흙덩이를 말한다. 제보자의 표현에 따르면, 우동가락을 빼듯이 흙가락을 늘어뜨린다고 한다.

12) 흙가래

옹기를 만드는 데 쓰는, 가래떡처럼 만든 흙덩이를 이른다. 흙가락보다 굵은 흙덩이를 말하는데, 보통 건애꾼이 질판에서 반죽을 해서 흙가래를 늘려 주면 옹기대장은 그것을 받아서 타름을 탄다. 힘이 많이 들어가는 일이라서 예전에는 건애꾼이 고생을 많이 했는데, 요즘은 토련기를 이용해서 흙가래를 뺀다.

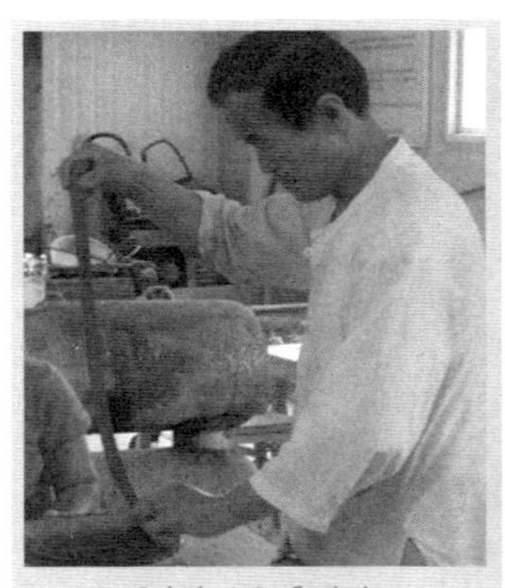

[사진 47] 흙가락

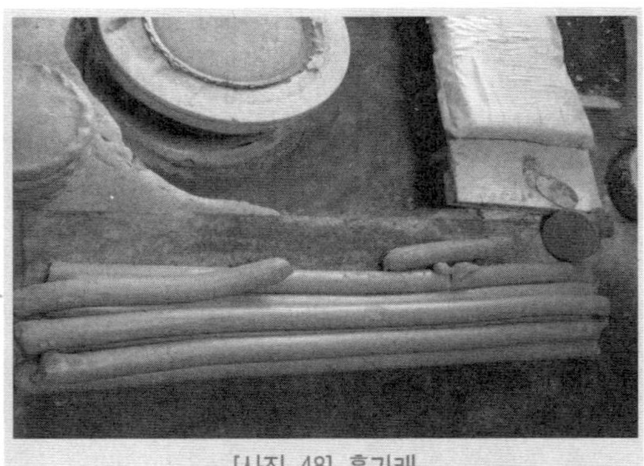

[사진 48] 흙가래

2.3.2. 유약

1) 잿물

옹기의 겉면에 광택이 나도록 하고, 고온에 견딜 수 있게 씌우는 물이다. 옹기의 유약을 흔히 '잿물'이라고 부르고, 그릇에 잿물을 입히는 것을 '잿물을 친다'고 말한다. 잿물을 쳐서 굴에서 굽게 되면 그릇이 물이 새지도 않고 반짝반짝

[사진 49] 잿물

빛이 난다. 잿물은 재와 약토를 적절한 비율로 섞어서 만든다. 재는 40%, 약토는 60% 정도로 섞는 것이 통상적이라고 하는데, 그 비율은 지역이나 사람에 따라 조금씩 차이가 난다.

2) 천연유약

화공 약품을 가미하지 않은, 자연 그대로의 재료를 사용한 유약이다. 전통적인 옹기는 천연 유약으로 잿물을 친다.

2.3.3. 연료

1) 장작

통나무를 길쭉하게 잘라서 쪼갠 땔나무를 이른다. 땔감으로는 주로 소나무를 쓴다고 한다.

2) 창솔

창불을 땔 때 쓰이는 소나무를 말한다. 가늘게 쪼갠 소나무를 창구멍 안으로 넣는다.

2.3.4. 기타

1) 재

불에 타고 남는 가루 모양의 물질을 이른다. 잿물의 재료가 되는 재의 비율과 재의 종류에 따라 옹기의 색깔이 다르게 나타난다. 재 중에서는 소나무재가 가장 좋다고 한다. 재의 비율이 높으면 녹색을 많이 띠고, 재의 비율이 낮으면 검은색을 많이 띤다. 그 비율을 잘 맞추면 갈색 옹기가 나오는데, 제보자는 갈색이 가장 좋은 색이라고 했다.

2.4. 제작 과정

2.4.1. 성형 전 작업

1) 곧메질

흙의 점력을 높이기 위하여 곧메로 흙을 두들기는 일을 이른다. '곧매질, 곳매질, 꽃매질, 곳메질' 등으로 표기하는 경우도 있다.

2) 깨끼다

낫으로 흙을 깎아 흙 속에 든 불순물을 제거하는 동작을 이른다.

3) 깨끼질

흙 속에 있는 불순물을 제거하는 행위이다. 흙깎기낫을 사용해서 흙을 깎으면서 부딪치는 나무뿌리나 돌 등을 주워 낸다.

4) 수비

그릇을 만드는 흙 따위를 물속에 넣고 휘저어 잡물을 없애는 일을 이른다.

5) 옆메질

곧메를 옆으로 눕혀서 흙을 두들기는 행위이다. 곧메질이나 옆메질에 쓰이는 도구는 같다.

6) 질재기

흙덩어리를 떡가래와 같이 둥글고 길게 밀어 늘어뜨리는 것을 말한다. 보통 지름 4cm 정도로 빚으며 길이 1.5m 정도로 길게 만든다.

2.4.2. 성형 작업

[사진 50] 바닥 치기

[사진 51] 밑골타름 타기

[사진 52] 부채질

[사진 53] 중골타름 타기

[사진 54] 근개질

[사진 55] 윗골타름 타기

[사진 56] 부채질

[사진 57] 전 잡기

[사진 58] 근개질

[사진 59] 감잡이로 전 잡기

[사진 60] 들보로 들어내기

1) 가새다

그릇 가에 붙은 흙을 깨끗이 정리하는 동작을 말한다. '가시다'의 방언형으로 보이는데, 제보자의 출신지가 경북 영덕임을 고려하면, '가새다'일 것으로 추측할 수 있다. 제보자가 '가세'의 '세'가 '씻을(세, 洗)'라고 말한 것처럼 '가세다'일 가능성도 있으나, '가새칼'과 어형을 통일하기 위해서 '가새다'를 올림말로 잡았다. 대개 '가새'라는 형태를 '가위'와 관련을 짓지만, '가새다, 가새칼, 가새질' 등이 과연 그러한지는 생각해 볼 필요가 있겠다.

2) 가새질

가새칼을 사용하여 필요 없는 흙을 떼어 내는 일을 이른다. 옹기의 바닥을 만들 때나, 성형 후에 물레에서 옹기를 들어낼 때 가새질을 하게 된다.

[사진 61] 가새질

3) 근개질

근개로 그릇 면을 매끄럽게 다듬는 일을 말한다. 근개질을 할 때는 바깥근개와 안근개를 밀착시키면서 옹기면을 고른다.

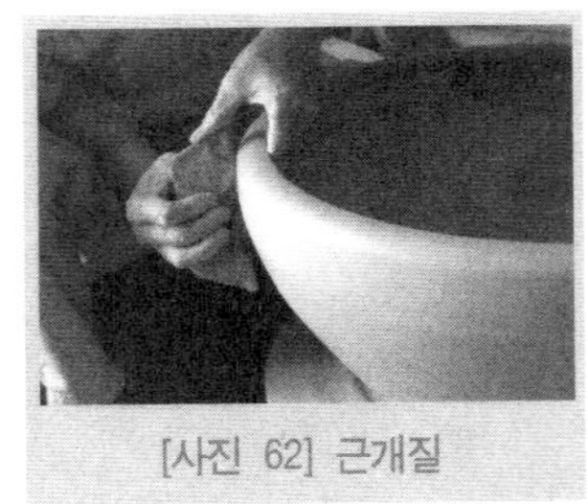

[사진 62] 근개질

4) 긍기다

옹기면을 다듬는 동작을 이른다. 근개나 근개질과 관련이 있는 듯하다.

5) 두벌부채질

부채의 부드러운 면을 사용하는 두 번째 부채질이다. 아시부채질을 하고 나서 평면을 사용해서 두벌부채질을 한다.

6) 두벌전(을) 잡다

두 번째 전을 잡는 것으로, 아시전을 잡은 후에 물가죽을 사용해서 두벌전을 잡는다.

7) 막음

그릇벽 쌓는 것을 끝내는 일인데, 타름 타는 것을 끝내는 것을 말한다. '마감'과 같은 뜻으로 보인다.

8) 물레질

발이나 손, 전기를 이용해서 물레를 돌리는 일을 말한다. 옹기장은 물레가 돌아가는 동안 생기는 원심력을 이용하여 옹기를 성형한다. 옹기장들은 보통 시계 반대 방향으로 물레를 돌린다.

9) 밑골(을) 만들다

바닥 작업을 마친 후에 타름을 타면서 그릇의 아랫부분에 해당하는 밑골을 만든다. 밑골에 들어가는 타름 수는 그릇의 크기에 따라서 달라진다.

10) 바닥(을) 치다

물레 위에 흙덩이를 올려놓고 방망이로 옹기의 바닥을 치는 동작을 이른다.

[사진 63] 바닥 치기

11) 부채질

왼손에는 도모, 오른손에는 부채를 잡고 그릇벽을 고루 두들기면서 표면을 고르는 일을 말한다. 그릇 안쪽에 도모를 받치고, 바깥쪽을 부채로 두들긴다. 부채는 양면의 형태가 다른데, 밑골을 만들 때는 거친 면으로 두들기고, 밑골을 쌓은 후에는 부드러운 면으로 두들긴다. 부채질은 흙을 늘이고, 안에 들어 있는 공기를 빼기 위해서 하는 것이다.

[사진 64] 부채질

12) 설개질

부채를 쓰지 않고 도자기 기법대로 흙을 물레의 중심선에 놓고, 물을 묻혀서 그릇을 세우는 일을 이른다. 옹기를 성형하는 방법의 하나로, 이렇게 만든 그릇을 '설그릇'이라고 한다.

13) 성형

그릇의 형체를 만드는 것을 이른다. 성형 방법에 여러 가지가 있지만, 보통은 물레를 사용해서 성형한다. 제보자는 '제작'이라는 용어보다는 '성형'이라는 용어를 사용할 것을 강조하면서, 옹기를 만드는 성형 기법은 유네스코에 보존될 만큼 가치가 있다고 덧붙였다. 실제로 도자기(사기)를 만들 때에도, 큰 그릇의 경우에는 옹기 성형 기법을 사용한다. 그래서 옹기 만드는 사람이 도자기를 만드는 것은 쉽지만, 도자기 만드는 사람이 옹기 만드는 것은 어렵다고들 한다.

14) 세벌부채질

세 번째로 하는 부채질이다. 아시부채질, 두벌부채질을 한 다음에 부채의 부드러운 면으로 두들겨서 옹기 성형을 마무리하게 되는데, 보통 세벌부채질이 마지막 부채질이다.

15) 아시부채질

빗살무늬가 그려진 부채의 거친 면을 사용하는 첫 번째 부채질이다. 아시부채질에만 빗살(부챗살)을 사용한다. 부채와 도모를 든 손의 힘을 균형 있게 잘 조절해야 하므로 매우 어려운 작업이다.

16) 아시전(을) 잡다

첫 번째 전을 잡는 것을 이르는데, 아시부채질을 하고 나서 아시전을 잡는다.

17) 전(을) 잡다

그릇의 전을 만드는 동작을 말한다. 아시전을 잡고, 두벌전, 세벌전을 잡는다고 한다. 옹기 성형을 마칠 때쯤 전 잡는 작업을 하는데, 전 잡는 차례에 따라 사용하는 물가죽의 종류도 다르다. '전을 쥐다'라고 말하기도 한다.

[사진 65] 전 잡는 모습

18) 쳇바퀴타름

쳇바퀴 모양으로 타름을 타는 방법을 이른다. 전라도 지역에서 이 방법으로 타름을 탄다. 쳇바퀴타름은 흙가래를 둥글게 쌓아 올라가는 경상도의 성형방법과 달리, 점토판을 붙여서 수래질을 하는 방식이다.

19) 타름(을) 타다

길다란 흙가래를 쌓아 올리면서 옹기의 모양을 만들어 가는 동작을 이른다. '(타름을) 타린다'고도 한다. 흙가래를 오른쪽 어깨에 올려놓고, 오른손을 사용해서 시계반대방향으로 쌓아 올리는데, 이 때 왼손은 바깥쪽에 받친다. '타름'은 '태름, 타림, 태림, 태렴, 타렴' 등으로 불리는데, 그 어원을 정확히 알 수는 없으나, '타래'와 관련이 있는 것 같다.

[사진 66] 타름 타리기

20) 타름질

길다란 흙가래를 쌓아 올리면서 옹기의 모양을 만들어 가는 일을 말한다. 타름을 탈 때 중요한 것은 그 힘이 다 쌓아 올린 밑부분에 전달되지 않도록 하는 것이다. 옹기 성형에서 타름질은 매우 중요한 작업인데, 지역에 따라 타름질하는 방식이 다르다고 한다.

21) 타리다

타름을 하나, 둘씩 쌓아 올리는 동작 즉, 타름 타는 것을 말한다. '타름을 탄다'고 말하기도 하고, '타름을 타린다'고 말하기도 한다.

2.4.3. 성형 후 작업

1) 건애

다 만들어진 그릇을 말리는 일을 이른다. 건애는 그릇을 만드는 것만큼이나 중요한 과정이다. 이 일은 주로 건애꾼이 담당하는데, 처음에는 그늘에서 말리고 가마에 넣기 전에는 마지막으로 햇볕에 말린다고 한다. 건애를 잘못하면 옹기가 깨져 버리는데, 이와 관련하여 옹기장들 사이에 옛날에는 딸 하나 죽는 것보다도 더 아까웠다는 말이 있었다고 한다. '건애'의 어형에 대해서도 생각해 볼 문제가 많은데, '건아'라는 말이 문헌에 나타나 있고[4], '건조'라는 뜻으로 사용되는 점을 고려하여 그와 유사한 '건애'를 올림말로 정하였다. '근애'나 '그내' 등으로 표기할 가능성도 있으나, 이러한 형태는 오히려 '잘못 돌이킴'이 될 우려가 있다고 본다.

---

4) 건아라 하면 '건조한다'라는 뜻을 갖고 있다(정양모 외 2004: 98).

2) 굴작업

굴에서 옹기를 굽는 일을 말한다. '불때기'나 '가마작업'이라고 하기도
한다.

3) 나비문양

나비 모양으로 그리는 무늬이다. 손으로 환칠 때 많이 그리는 그림 중
의 하나이다.

4) 난문양

환칠 때 그리는 난 모양의 무늬이다. 제보자가 가장 많이 그리는 문양
이라고 한다.

5) 달음불

옹기의 표면이 완전히 붉어져서 한 통, 두 통 열을 전도할 때의 불이다.
온도가 약 800~1200도이며, 달음불로 그릇을 골고루 달구게 된다.

6) 뒷불

뒤에서 피우는 불을 이른다. 제보자의 말에 따르면, 뒷불은 두 가지
종류가 있다. 하나는 큰독을 구울 때 독을 말리기 위해서 뒤쪽에서 피
우는 불이고, 다른 하나는 화문을 모두 막고 창불을 땔 때 공기가 드
나드는 구멍에 피우는 불을 말한다.

7) 띠

독을 다 만든 후에 박는 길다
란 띠 모양의 문양으로, 장식의
한 가지이다. 흙을 가늘고 길게
늘어뜨린 것을 잡고 물레를 돌
리면서, 성형이 거의 끝난 독 위
에 띠를 두 개나 세 개 정도 박
는다.

[사진 67] 띠

8) 막창불

마지막 통에 때는 불을 말한다. 열 칸짜리 칸가마에서는 열 번째 칸
이 막창이다.

9) 물고기문양

환칠 때 그리는 물고기 모양의 무늬이다. 옹기는 옛날에 천주교와 밀접
한 관련이 있었는데, 물고기가 천주교에서 특별한 의미를 지녀서 이 문양
을 그리는 경우가 많았다고 한다.

10) 바닥을 우기다

그릇이 윗부분부터 어느 정도 마르면 그릇을 엎어 놓은 뒤 바닥을 가볍
게 두들기면서 중앙부를 약간 들어가게 하는 동작을 이른다. 이는 옹기를
가마에 넣고 구울 때 밑이 솟는 것을 막기 위함이다.

11) 백금불

그을음이 벗겨지고 옹기의 본래 색이 나오는 단계의 불을 말한다. 온도
는 약 500도이다.

12) 불때다

가마에 땔감을 넣고 불을
붙여 그릇을 굽는 동작을
이른다. 옹기는 도자기와 달
리, 초벌구이만 한다. 옛날
에는 불때기 전에 가마고사
를 지내기도 했는데, 옹기가

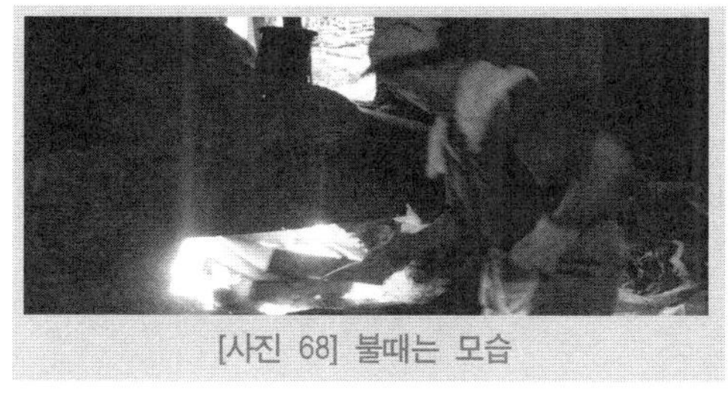

[사진 68] 불때는 모습

마에 불땔 때 여자가 출입하는 것을 금했다고 한다.

13) 서리다

굴 속에 그릇을 차곡차곡 쌓는 동작을 말한다. 한 굴을 마치고, 옹기를
서리는 데만 해도 며칠씩 걸린다고 한다. 옹기는 다른 그릇들보다 덩치도
크고 무거워서 일손이 많이 필요하다.

14) 소리다

창고 안에 서려 놓은 그릇을 다시 햇볕에 건조하는 동작을 이른다. 옹
기는 말리는 작업이 아주 중요한데, 처음부터 햇볕에서 말리면 그릇이 깨
지므로, 그늘에서 말리다가 마지막에 햇볕에서 말린다고 한다.

15) 소성

가마에서 구워 만드는 것을 이른다. 보통은 '불때기'라고 한다.

16) 연치다

옹기를 가마에 넣고 구울 때 연기를 입히는 동작을 말한다. 옹기가 물이 새지 않게 하려면, 연치는 단계를 거쳐야 한다고 한다.

17) 잿물(을) 치다

옹기장들은 유약을 잿물이라고 부르는데, 성형한 옹기를 말린 후에 이것을 그릇에 입히는 일을 '잿물 치다'라고 한다. 이 일은 건애꾼이 주로 담당한다.

[사진 69] 잿물 친 그릇

18) 중불

옹기에 그을음이 벗겨지고 하얗게 되는 단계의 불을 이른다. 온도는 약 350~600도이다.

19) 찍음

띠를 박은 후에 감잡이를 사용해서 그것 위에 찍어서 만든 문양을 말한다. 감잡이를 세 겹으로 접어서 한 번에 찍는데, 실낱같이 찍는다는 뜻에서 '찍음'이라고 한다. [찌금], [찌굼], [찍꿈] 등으로 발음하는 '찍음'은 어근 '찍-'에 명사파생접미사 '-음'이 결합한 파생어로 보이는데, 행위 그 자체보다는 행위의 결과 생겨난 문양을 뜻하는 것 같다.

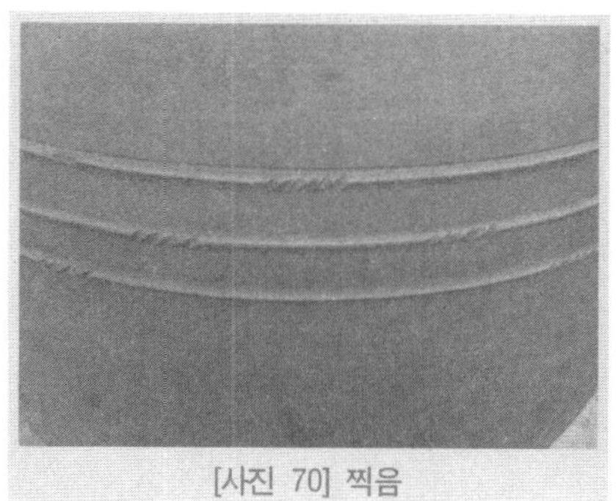

[사진 70] 찍음 · [사진 71] 찍음할 때 감잡이 모습

20) 창불

옹기를 구울 때, 가마의 창구멍에 때는 불이다. 잘게 쪼갠 땔감에 불을 붙여 창구멍 안에 던진다.

21) 핀불

가늘고 약한 불을 말한다. 옹기를 굽기 시작할 때의, 100도 이하에 해당 하는 불을 가리킨다.

22) 한불

옹기를 구울 때 가장 온도가 높은 불을 이른다.

23) 환치다

성형한 그릇에 잿물을 친 후, 잿물이 마르기 전에 특별한 도구 없이, 손 으로 다양한 문양을 그려 넣는 행위를 이른다. 손으로 유약을 닦아 내면 그것이 옹기의 문양으로 나타나는 것이다. 환치는 일은 건애꾼이 담당하는 경우가 많으며, 난문양이나 물고기문양 등을 대칭이 되게 그려 넣는다. 환치는 과정을 생략하고 그냥 말려서 문양 없는 그릇을 만들기도 한다. 이는 '되는대로 마구 그림을 그리다'라는 <표준국어대사전>의 뜻풀이와는 조금 차이가 있다.

2.5. 제작품

2.5.1. 재료

1) 오지그릇

붉은 진흙으로 만들어 볕에 말리거나 약간 구운 다음, 오짓물을 입혀 다시 구운 질그릇을 이른다. 이 그릇은 검붉은 윤이 나고 단단하다. 제보자는 오지그릇이라는 말은 잘 쓰지 않는다고 한다.

2) 질그릇

질흙으로 만든 그릇을 말한다. <표준국어대사전>에는 '잿물을 덮지 아니한, 진흙만으로 구워 만든 그릇'으로 제시되어 있다. 그런데 요즘 만들어지는 옹기의 대부분이 잿물을 쳐서 만든 그릇이다 보니, 실제로는 '오지그릇'과 구별하지 않고, '질흙으로 만든 그릇'은 모두 '질그릇'으로 통칭하는 경향이 있다. 따라서 뜻풀이가 수정될 필요가 있을 것 같다.

2.5.2. 쓰임

1) 간장병

간장을 담아 보관하는 병이다. 종지에 따르기에 편리하도록 꼭지가 달려 있다.

[사진 72] 간장병

2) 고추장단지

고추장을 담아 보관하는 단지이다. '고추장항아리'라고 부르기도 한다.

[사진 73] 고추장단지

3) 꿀단지

꿀을 넣어 두는 단지이다.

4) 독

배가 부르고 전이 달린 옹기를 이른다. 주로 김치나 장 등을 담는 데 사용한다. 지역에 따라 독의 모양이 다른데, 경상도 독은 배가 특히 더 부르고 입이 좁은 것이 특징이다. 난문양처럼 문양이 들어간 독도 있고, 문양이 없는 독도 있다.

[사진 74] 독

5) 동이

배가 부르고 양쪽에 손잡이가 달린 질그릇으로, 주로 물을 길어서 나르는 데 사용했다. 동이는 물을 담아 그 양을 세는 단위로도 쓰인다.

[사진 75] 동이

6) 드뭉

물을 담아 두고 쓰는 그릇을 이른다. '드무'나 '두무'라고 부르기도 하는 데, 두뭉은 '두멍'의 방언형으로 보인다.

7) 떡시루

떡을 찌는 데 쓰는 둥근 질그릇이다. 자배 기 모양인데 바닥에 구멍이 여러 개 뚫려 있 다. 요즘은 떡을 직접 만들어 먹는 경우가 적 기 때문에, 대신에 화분으로 사용하는 경우도 있다고 한다.

[사진 76] 떡시루

8) 뚝배기

찌개 따위를 끓이거나 설렁탕 따위를 담을 때 쓰는 오지그릇을 이른다. 뚜껑이 있는 뚝배기도 있고 없는 것도 있다.

[사진 77] 뚝배기1-뚜껑 있는 것

[사진 78] 뚝배기2-뚜껑 없는 것

9) 멸치젓단지

멸치젓을 담는 데 쓰는 단지로, 젓독의 한 종류이다.

10) 문어단지

문어를 잡기 위하여 긴 줄에 매달아 바다 속에 가라앉혀 두는 단지이다. 이는 구멍에 잘 들어가는 문어의 속성을 이용한 것으로, 플라스틱 제품이 나오기 전만 해도 옹기로 된 문어단지를 많이 사용했다고 한다.

11) 물버리

물을 담는 버리이다. 물버리는 기능이 많다. 물을 저장하는 그릇으로는 물론이고, 설거지하는 그릇으로 쓰기도 하고, 목욕기로 쓰기도 했다고 한다.

[사진 79] 물버리

12) 보쌀옹가지

보리쌀을 씻는 데 쓰는 옹가지이다. 이 명칭은 경북 지방에서 사용하는 것이고, 경남 지방에서는 '보쌀사구'라고 한다.

13) 부항단지

부항을 붙이는 데 쓰는 작은 단지이다. <표준국어대사전>에는 '부항단지'가 '뜸단지'와 같은 것으로 되어 있지만, 제보자는 부항단지와 뜸단지를 구별해서 사용하고 있었다.

14) 사구

자배기를 일컫는 말로, 경남
지방에서 쓰는 말이다. 사전의
정의에 따르면 옹가지, 버지기,
사구는 모두 자배기이므로 같
은 낱말이 되겠지만, 실제로
제보자는 그것들을 구별하고
있었다. 배가 나왔느냐 안 나
왔느냐에 따라서 명칭이 달라

[사진 80] 사구

지는데, 배가 나온 것은 옹가지나 사구이고, 배가 나오지 않고 일자로 된
것은 버지기라고 한다. 옹가지와 사구는 생김새는 같은데, 지역에 따라 부
르는 이름이 다른 예이다. 즉, 옹가지는 경북 지방에서 사용하는 말이고, 사
구는 경남 지방에서 사용하는 말이다.

15) 새우젓독

새우젓을 담는 데 쓰는 독이다. 경상도 지역에서는 만드는 일이 별로
없었다고 한다.

16) 소줏고리

소주를 내리는 데 쓰는 재래식 증류기로,
위아래 두 짝을 겹쳐 만든다. 소줏고리는 양
조주를 재료로 하여 이를 증류하여 소주를 만
들어내는 술 제조 그릇을 말한다. 대부분 옹
기 제품으로 되어 있는 소줏고리는 위짝과 아
래짝 두 개의 씨앗통 형태의 입을 맞대어 붙

[사진 81] 소줏고리

여서 8자 모양을 이루고 있다. 위짝의 밑 부분에는 빨대형의 주구를 아래쪽으로 향해 붙였고 주구가 시작되는 바로 위에는 주먹만한 크기의 돌출형을 만들어 붙여서 외견상 언뜻 보아도 마치 남근(男根)과 비슷한 모양을 하고 있어서 퍽 재미있게 보인다. 내부는 공간으로 통해 있으며 아래쪽의 넓은 밑 부분은 터져 있고 위쪽은 같은 재질로 움푹 파여 있어서 물을 부을 수 있도록 막혀 있다.[5]

17) 시루

떡이나 쌀 따위를 찌는 데 쓰는 둥근 질그릇을 이른다. 모양이 자배기 같고 바닥에 구멍이 여러 개 뚫려 있다.

18) 쌀단지

쌀을 넣어 두는 단지이다. 요즘은 개량된 쌀단지도 많이 나온다.

[사진 82] 쌀단지

19) 알도오

아주 작은 동이를 말한다. '알동이'의 방언으로 보인다.

20) 앵병

약물, 참기름 등을 모아 놓는 병이다.

---

5) 정병락(2000 : 37) 참조.

21) 약탕기

약물을 담는 탕기이다. '약단지'라고 부르기도 한다.

[사진 83] 약탕기

22) 양념단지

소금, 고춧가루 등의 양념을 보관하는 데 쓰는 단지를 이른다. 요즘 양념단지는 단지를 몇 개씩 묶어서 두 개나, 세 개, 네 개, 다섯 개짜리로 제작하기도 한다. 이런 양념단지는 손이 많이 가기 때문에 맞춤으로 제작한다고 한다.

[사진 84] 양념단지

23) 옹가지

옹자배기를 일컫는 말로, 경북 지방에서 쓰는 말이다. 시루의 밑에 구멍을 뚫기 전의 형태라고 생각하면 된다. 사전의 정의에 따르면 옹가지, 버지기, 사구는 모두 자배기이므로 같은 낱말이 되겠지만, 실제로 제보자는 그것들을 구별하고 있었다. 배가 나왔느냐 안 나왔느냐에 따라서 명칭이 달라지는데, 배가 나온 것은 옹가지나 사구이고, 배가 나오지 않고 일자로 된 것은 버지기라고 한다. 옹가지와 사구는 생김새는 같은데, 지역에 따라 부르는 이름이 다른 예이다. 옹가지는 경북 지방에서 사용하는 말이고, 사구는 경남 지방에서 사용하는 말이다.

24) 장군

물, 술, 간장 따위의 액체를 담아서 옮길 때에 쓰는 그릇을 말한다. 옛날에는 똥을 퍼서 나를 때 똥

[사진 85] 장군

장군을 사용하기도 했다.

25) 장독

간장, 된장, 고추장 따위를 담아 두거나 담그는 독이다. 얼마 전까지만 해도 장독은 마을 곳곳에서 흔히 볼 수 있었던 옹기였다.

26) 제주병

제주를 담는 병으로, 술병의 한 종류이다.

[사진 86] 제주병

27) 종지

종발보다 작은 그릇을 이른다. 간장, 고추장 등을 이 그릇에 담아서 밥상에 놓는다.

[사진 87] 종지

28) 주꾸미단지

주꾸미를 잡는 데 쓰는 단지이다.

29) 질화로

질흙으로 구워 만든 화로를 이른다. 질화로는 무쇠화로만큼이나 옛날에 많이 사용했던 그릇이다.

30) 차사발

차를 담아 가실 때 쓰는 사발이다. 차사발은 주로 사기 종류가 많지만, 요즘에는 옹기 종류도 있다.

31) 찻잔

차를 따라 마시는 잔을 말한다. 찻종보다 높이가 낮고 아가리가 더 벌어졌다.

32) 초병

초를 담는 병으로, 초를 만들 때도 사용했다. '식초병'이라고 부르기도 한다.

33) 콩나물시루

콩나물을 빽빽이 넣어서 키우는 둥근 질그릇을 이른다. 조사 지역에서는 '콩나물동이'라고 부르기도 했다.

[사진 88] 초병

[사진 89] 콩나물시루

34) 호롱

석유등의 석유를 담는 그릇을 이른다. 사기나 유리 또는 양철 따위로 작은 병 모양으로 만드는데, 아래에는 석유를 담을 수 있도록 둥글게 하고 위 뚜껑에는 심지를 해 박아 불을 켤 수 있도록 작은 구멍을 낸다.

35) 화로

숯불을 담아 놓는 그릇을 말한다. 주로 불씨를 보존하거나 난방을 위하여 쓴다.

36) 화병

꽃을 꽂는 데 사용하는 병이다. 이렇게 요즘에는 옹기가 장식용 그릇으르 제작되기도 한다.

[사진 90] 호롱

[사진 91] 화병

37) 화분

꽃을 심어 가꾸는 그릇을 이른다. 요즘에는 시루 종류를 화분으로 사용하는 경우가 종종 있다.

38) 확독

음식의 재료를 가는 데 쓰는 그릇을 말한다. 우둘투둘한 안쪽 면에 재료를 놓고 돌 같이 생긴 물건으로 간다. 경상도 지역에서는 옛날에 확독을 사용하지 않았다고 한다.

[사진 92] 화분

[사진 93] 확독

2.5.3. 크기

1) 대전

한 개가 한 자루인 뚜껑을 이르는데, '전버리'라고 부르기도 한다.

2) 닷되짜리

닷 되가 들어가는 단지를 이른다.

3) 대자리

한 자루짜리 단지이다. '대'가 들어가는 옹기 이름은 '한 자루'라는 것을 나타낸다고 한다.

4) 돛대자리

칠부단지의 옛 명칭이다. 옛날에 부산에서는 물단지로 많이 사용했다고 한다.

5) 사개단지

네 개가 한 자루인 단지로, '사단지'라고 부르기도 한다.

6) 사개단지감주

사개단지와 모양이 같으면서 귀가 달린 단지를 이른다.

7) 사편

네 개가 한 자루인 뚜껑이다. 경상남도에서는 뚜껑을 '편자'라고 부르기 때문에 뚜껑 종류에는 '편' 자가 들어간다.

8) 사행개

네 개가 한 자루인 뚜껑이다. 경상북도에서는 뚜껑을 '행개'라고 부른다.

9) 삼개단지

세 개가 한 자루인 단지로, '삼단지'라고 부르기도 한다.

10) 삼십편

삼십 개가 한 자루인 뚜껑이다. 경상남도에서는 삼십편까지 사용했으나, 경상북도에서는 십 단위 밑으로는 잘 사용하지 않았다고 한다.

11) 삼행개

세 개가 한 자루인 뚜껑이다.

12) 세째비

세 개가 한 자루인 단지로, 삼개단지에 해당한다.

13) 세째비감주

세째비와 크기가 같으면서 귀가 달린 단지를 이른다.

14) 십개단지

열 개가 한 자루인 단지이다. 제보자의 고향, 영덕에서는 십개단지가 단지 중에서는 최하 단위라고 한다.

15) 십개행개

열 개가 한 자루인 뚜껑을 이른다.

16) 십오개단지

열다섯 개가 한 자루인 단지이다.

17) 십오개행개

열다섯 개가 한 자루인 뚜껑을 이른다.

18) 십오편

열다섯 개가 한 자루인 뚜껑이다.

19) 십편

열 개가 한 자루인 뚜껑이다.

20) 알단지

큰 독 속에 넣어서 굽는, 크기가 작은 단지를 말한다.

21) 알배기

가마 안에 서릴 때, 단지 안에 넣어 구울 수 있는 작은 그릇을 이른다. 단지나 뚜껑 모두 알배기에 포함된다.

22) 오개단지

다섯 개가 한 자루인 단지이다.

23) 오단감주

오개단지와 크기가 같으면서 귀가 달린 단지를 이른다.

24) 육개단지

여섯 개가 한 자루인 단지이다.

25) 육편

여섯 개가 한 자루인 뚜껑을 이른다.

26) 육행개

여섯 개가 한 자루인 뚜껑이다.

27) 이십개행개

스무 개가 한 자루인 뚜껑이다.

28) 이십오편

스물다섯 개가 한 자루인 뚜껑을 이른다.

29) 이십편

스무 개가 한 자루인 뚜껑이다.

30) 이행개

두 개가 한 자루인 뚜껑이다.

31) 일행개

한 개가 한 자루인 뚜껑이다.

32) 작은독

크기가 작은 독을 이른다.

33) 작은십개

십개뚜껑 중에서 크기가 작은 것을 말한다.

34) 작은짝

짝단지 중에서 작은 것으로, '닷되짜리'와 같다.

35) 적지비

두 개가 한 자루인 뚜껑이다. 귀가 달렸으며, 대자리를 덮는 데 쓰인다.

36) 전버리

한 개가 한 자루인 뚜껑으로, '대전'이라고 부르기도 한다.

37) 졸단지

크기가 제일 작은 단지이다. 대체로 '십오개단지'를 가리킨다.

38) 중독

독 중에서 중간 크기의 독이다.

39) 중십개

십개단지 중에서 중간 크기의 단지이다.

40) 짝감주

키가 낮으면서 통통하고 귀가 달린 짝단지를 이른다.

41) 짝단지

두 개가 한 자루인 단지이다.

42) 칠부

칠부짜리 단지로, 쌀이나 나락 등을 담는 데 쓴다.

43) 큰독

독 중에서 크기가 큰 독을 이른다.

44) 큰십개

십개뚜껑 중에서 크기가 큰 것을 말한다.

45) 큰짝

짝단지 중에서 크기가 큰 것을 이른다.

46) 토끼단지

토끼처럼 귀가 달린, 작은 단지이다. '삼단지'와 크기가 같으며, 경북 영덕에서 사용하는 말이다.

47) 파래

세 개가 한 자루인 뚜껑을 이른다.

48) 팔개단지

여덟 개가 한 자루인 단지이다.

49) 팔편

여덟 개가 한 자루인 뚜껑이다.

50) 편자

아가리가 넓게 벌어진 독 뚜껑을 이른다. 경남 지방에서 단지 뚜껑을 이르는 말이다.

51) 한말

두 개가 한 자루인 단지를 이른다.

52) 한자리

두 자루가 들어가는 단지이다.

53) 행개

아가리가 넓게 벌어진 독 뚜껑이다. 경북 지방에서 단지 뚜껑을 이르는 말이다.

54) 홀자리

한 말이 들어가는 단지를 이른다.

2.5.4. 모양

1) 감주단지

빵빵하고 귀가 달린 단지를 이른다. 옛날에는 감주를 담거나 술을 운반하는 단지로 썼다.

2) 단지

목이 짧고 배가 부른 그릇으로, 음식물을 보관하는 데 주로 쓰인다. 일반적으로 '항아리'라고 부르기도 하는데, 이 지역에서는 옛날에 항아리라는 말을 사용하지 않았다고 한다.

[사진 94] 단지

3) 자라병

자라 모양으로 만든 병이다. 납작하고 둥근 몸통에 짧은 목이 달려 있다.

[사진 95] 자라병

4) 중단지

꼭지가 없고 밋밋한 단지를 이른다. '중의 머리같이 밋밋하다'는 뜻에서 붙여진 이름이다. 경북 영덕 지방에서 사용하는 말인데, 이사를 자주 다녔던 부산 사람들이 선호했던 단지라고 알려져 있다.

5) 추미

전을 높고 가냘프게 잡은 감주단지를 이른다.

2.5.5. 성형 방법

1) 두들그릇

부채로 두들겨서 만든 그릇을 이른다.

2) 설그릇

설개질로 만든 그릇을 이른다. 설개질은 부채를 사용하지 않고 도자기 기법으로 그릇을 만드는 방법이다.

2.5.6. 기타

1) 깍쟁이

작은 독 뚜껑을 일컫는 말로, 대개 십편 밑으로는 이렇게 부른다. 6.25 직후에 중절모(나까오리)를 쓰고 다니는 깡패들을 깍쟁이라고 불렀는데, 독 뚜껑이 중절모 모습과 비슷하다고 해서 부산 사람들이 지어낸 말이라고 한다.

2) 꺼매기

유약을 사용하지 않고 연을 쳐서 기와같이 굽는 것을 이른다. '불매기'나 '연매기'라고 부르기도 한다.

3) 날그릇

굴에 넣어 굽기 전 상태의 그릇으로, '생그릇'이라고 이르기도 한다. 날그릇은 건조를 충분히 한 다음에 옹기굴에서 굽는 과정을 거친다.

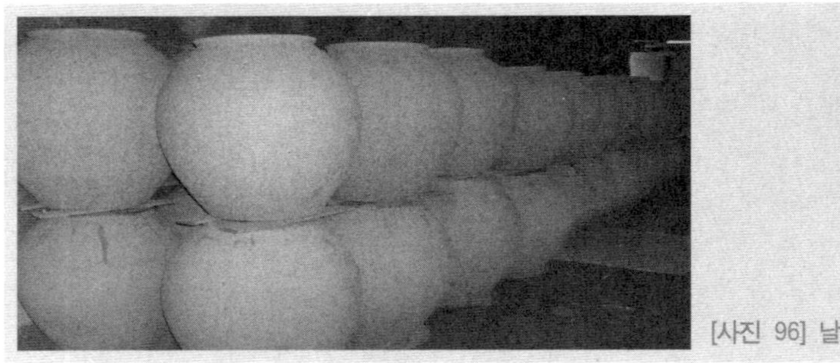

[사진 96] 날그릇

4) 날병

건애하는 과정에서 손질을 잘못해서 그릇이 깨지는 일이나 그렇게 깨진 그릇을 이른다. '날병이 들었다/갔다'와 같이 사용한다.

5) 노각

굽기 전에 깨진 옹기를 말한다. 즉, 날그릇이 깨진 것을 노각이라고 하는데, 이것은 재생하여 사용한다고 한다.

6) 맞춤그릇

주문해서 제작한 그릇이다. 옹기장들 사이에 옛날부터 전해 내려오는 말에 따르면, 선금을 받고 맞춤그릇을 만드는 경우는 잘 깨져서 완성품이 제대로 나올 확률이 낮았다고 한다.

7) 벙어리

띠를 박은 후에 옹기대장이 감잡이를 사용해서 찍는 일을 깜빡해서 나온 그릇을 이른다. 옹기장들 사이에서 사용하는 재미있는 말 중의 하나다.

8) 생그릇

굽기 전의 그릇을 통칭하는 말이다. '날그릇'이라고 부르기도 한다.

2.6. 구성

2.6.1. 그릇의 부분 명칭

[사진 97] 독의 부분 명칭
1 : 윗골   2 : 중골   3 : 밑골
4 : 입(전)   5 : 가슴배   6 : 중배
7 : 밑배   8 : 굽   9 : 바닥

[사진 98] 버리의 부분 명칭
1 : 입(전)   2 : 배   3 : 굽

1) 가슴배

독의 배 윗부분으로, '가슴'이라고 부르기도 한다.

2) 굽

옹기의 제일 밑부분을 이른다. 옹기에서 말하는 굽은 사전의 정의와는 차이가 나는데, 그릇의 몸과 바닥의 사이에 있는 굽은 부분을 가리킨다.

3) 꼭지

그릇 표면에 붙은 손잡이를 이른다. 그릇의 형체를 다 만든 후에 목질을 사용해서 꼭지를 단다.

[사진 99] 꼭지 붙이는 모습

4) 나팔전

나팔 모양으로 만든 전이다. 주로 제주병과 같은 병을 만들 때 나팔전을 잡는다.

[사진 100] 나팔전

5) 노전

둥글게 잡은 전을 이른다.

6) 막골

마지막 골을 일컫는데, 큰 독을 만들 때는 윗골 위에 막골을 쌓는다.

[사진 101] 노전

7) 맥전

입 부분이 좁고 가냘프게 생긴 전이다. 경상도 옹기의 경우에 맥전이 많은데, 맥전이 높은 것이 특징이다.

8) 밑골

그릇의 몸체를 삼등분할 때, 그릇의 아랫부분을 이른다. 타름질을 할 때 밑골을 잘 만드는 일이 중요하다.

9) 밑배

독의 배 아랫부분을 말한다. 띠 문양을 넣었을 때는, 띠의 아랫부분을 가리킨다.

10) 배

독 중앙의 볼록한 부분이다. 경상도 독은 다른 지역 독보다 배가 더 부른 편이다. 독을 만들 때 배를 내는 일은 중요한 작업 중의 하나다.

11) 쌍전

시울이 두 개인 전이다. 버지기는 옛날에 쌍전을 쥐었는데, 요즘에는 쌍전을 잡는 일이 드물다고 한다.

12) 어깨

아가리 밑이 넓게 벌어진 부분을 이른다.

13) 엎전

엎어진 넓은 전을 이른다. 많이 사용하는 독들은 이가 빠지기 쉬우므로, 그럴 확률이 낮은 엎전을 잡는 경우가 많다고 한다.

14) 외전

시울이 하나인 전이다. 단지 종류에는 외전이 없다고 한다.

[사진 102] 엎전

[사진 103] 외전

15) 윗골

그릇의 몸체를 삼등분할 때, 그릇의 윗부분을 이른다. 밑골, 중골, 윗골로 삼등분하기도 하는 것이 일반적이나, 그 위에 막골이라는 것을 붙이는 경우도 있다.

16) 입

그릇에 물질을 담기도 하고 퍼내기도 하는 구멍을 말한다. 전 부분을 입과 거의 같은 표현으로 쓰며, '아구, 아구리'라고 부르기도 한다.

17) 전

그릇의 위쪽 가장자리가 조금 넓적하게 된 부분을 이른다. 입(아가리, 주둥이)의 테두리 부분을 가리킨다. 옹기의 경우에는 전 종류가 다양한데, 옆전, 외전, 쌍전. 노전 등이 거기에 해당한다. 경남 지방은 전이 멋이 없으면 잘 팔리지 않았다고 한다.

18) 전시울

전의 가냘픈 부분을 이른다. 감잡이를 사용하여 전시울을 냈는데, 여자들 눈썹을 그리듯이 가냘프게 만들었다고 한다.

19) 중골

그릇 몸체를 삼등분할 때, 그릇의 중간 부분이다.

20) 중배

기다란 물건의 가운데에 불룩하게 나온 부분으로, '복판배'라고 부르기도 한다.

21) 평전

평평한 전을 이른다.

2.6.2. 가마의 부분 명칭

1) 굴봉우리

옹기굴의 솟아 오른 부분을 이른다.

2) 불통

굴 입구에 불을 지피는 아궁이를 말한다. 불을 때는 통을 모두 불통이라 부르는데, '화통'이라 부르기도 한다.

3) 창구멍

굴에 뚫은 작은 구멍으로, 창과 같은 역할을 한다. 이 구멍을 통해서 그릇의 상태를 확인할 수 있는데, 이때는 마개를 떼 내고 창구멍을 들여다본다. 그리고 불을 더 땔 필요가 있을 때는 이 구멍에 땔나무를 던져 넣는데, 이렇게 때는 불이 창불이다.

4) 화문

옹기를 굴에 넣거나 꺼낼 때 드나드는 문이다. '굴문'이라고 부르기도 한다.

[사진 104] 불통

[사진 105] 창구멍

[그림 106] 불에 달아오른 옹기 모습

[사진 107] 화문

2.6.3. 도구의 부분 명칭

1) 불고리

불버지기에 달린 고리이다. 옛날에는 새끼를 사용하는 경우가 많았는데, 요즘은 주로 철사를 사용한다.

2) 빗살무늬

옹기를 성형할 때 사용하는 부채의 거친 면을 이른다. 빗살무늬는 아시부채질을 할 때 흙을 늘이는 데 사용한다. '부챗살무늬'라고 부르기도 한다.

3) 평면

옹기를 성형할 때 사용하는 부채의 평평한 면을 이른다. 평면은 두벌부채질을 할 때 사용하는데, 빗살무늬로 쳐서 생긴 자국을 없애고 다듬는 역할을 한다. 줄여서 '평'이라고 부르기도 한다.

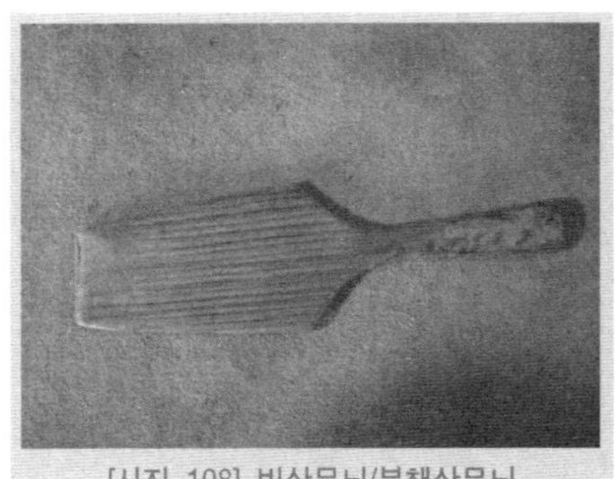

[사진 108] 빗살무늬/부챗살무늬

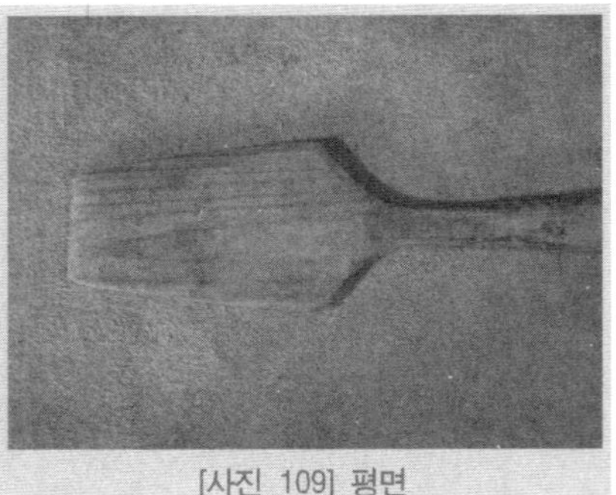

[사진 109] 평면

2.7. 제작자

2.7.1. 주 제작자

1) 옹기대장

옹기를 만드는 장인을 부르는 말이다. 옛날에는 흙을 반죽하는 것, 건애하는 것 등 차근차근 순서를 밟아서 옹기대장이 되었다고 한다. 주로 옹기의 성형을 담당하는데, 줄여서 '대장'이라고 부르기도 한다.

[사진 110] 타름 타는 옹기대장

[사진 111] 근개질하는 옹기대장

2) 옹기장이

옹기를 만드는 장인을 이르는데, 보통 '옹기쟁이'라고 부른다. 오랫동안 옹기를 만들고, 그것을 팔아 생계를 이어 온 사람들이다.

2.7.2. 보조 제작자

1) 건애꾼

옹기대장 옆에서 일을 거들어 주는 사람이다. 옹기의 재료가 되는 흙가래를 뽑거나 다 만들어진 그릇을 옮기고 말리며, 잿물 치는 일 등을 담당한다. 옹기는 건애 작업이 아주 중요하므로 건애꾼의 역할이 매우 중요하다. 그래서 생긴 표현이 '일건애 이대장'이라는 말이다.

[사진 112] 흙을 반죽하는 건애꾼

[사진 113] 날그릇을 옮기는 건애꾼

2) 날일꾼

일정한 직업이 없이 막일로 벌이를 하는 사람을 이른다.

3) 생질꾼

옹기의 재료인 생질을 전문적으로 다루는 사람이다. '질꾼'이나 '질종'이라고 부르기도 한다. 요즘은 생질꾼의 역할을 기계가 대신하고 있다.

4) 수비꾼

수비를 담당하는 사람을 이른다. 이 지역은 옹기를 만들 때 수비를 거의 하지 않았기 때문에 수비꾼이 없었다고 한다.

5) 질꾼

옹기의 재료가 되는 흙만 전문적으로 다루는 사람이다. 옛날에 깨끼질, 곤메질을 맡아 했다. 다른 말로 '생질꾼, 질종'이라고 부르기도 한다.

6) 화부

가마에 불때는 일을 맡아 하는 사람을 이른다. 옹기는 불때는 시간이 열흘 정도 걸리기 때문에 분업이 필요했다. 그런데 요즘은 화부를 따로 두기보다는 건애꾼이 그 역할을 대신하거나, 옹기대장과 건애꾼이 교대로 굴작업을 하는 경우가 많다.

2.8. 장소

2.8.1. 제작 장소

1) 가마

그릇을 굽기 위해 만든 시설을 이른다. 형태나 재료, 연료 등에 따라 가마의 종류가 다양하다. 옹기 만드는 사람들은 가마라는 말 대신에 굴이라는 말을 많이 쓴다.

2) 건조장

물건을 건조하기 위하여 특별한 장치를 한 곳이다.

[사진 114] 건조장

3) 대포굴

불통과 가마칸이 일직선으로 되어 있는 가마를 이른다. '뺄불통가마, 대포가마, 통가마'라고 부르기도 한다. 제보자에 따르면, 대포처럼 생겼다고 대포굴이라고 했다. 그런데 송재선(2004: 189)에 따르면, 일제 강점기에 일본인들이 이 가마가 총신처럼 곧게 텅 비었다고 일본어로 '뎃보가마(총가마)'라고 불렀는데, 해방 후에 이 말이 대포가마로 와전되었다고 한다.

4) 물레칸

옹기공장 내 물레가 놓인 공간이다. 옹기대장이 옹기를 성형하는 작업장으로, 발물레와 의자가 놓여 있다. 옹기대장이 물레칸에서 작업할 때 사용하는 물레는 대개 지면보다 약간 낮은 위치에 놓인다.

[사진 115] 물레칸

5) 송침

소나무로 지붕을 이은 건조장을 이른다. 옛날에는 송침을 사용했으나, 요즘은 천으로 그늘을 만들어 그 아래에서 옹기를 말린다.

6) 옹기공장

옹기를 만드는 작업장이다. 옹기공장 안에는 대장이 물레를 돌려서 옹기를 만드는 물레칸이 있고, 다 만든 옹기를 말리는 공간이 있다.

[사진 116] 옹기공장1-외부

[사진 117] 옹기공장2-내부

7) 옹기굴

옹기를 굽는 굴로, 옹기가마를 말한다. 송재선(2004: 188)에 따르면, 대표적인 옹기가마에는 뺄불통가마, 조대불통가마, 봉우리가마, 칸막이가마, 도염식연속요, 도염식각요 등이 있다고 한다.[6]

8) 옹기동막

옹기를 만들고 말리는 곳을 이른다. 지금은 옹기공장이라는 말을 주로 쓰지만, 옛날에는 옹기동막이라고 불렀다고 한다.

---

6) 더 자세한 내용은 송재선(2004 : 188-196)을 참조할 것.

9) 조대불통가마

 입구가 ㄱ자 모양인 가마이다. 제보자에 따르면, 화력이 옹기에 바로 닿지 않게 하기 위해서 그렇게 만들었다고 한다. 이 지역의 가마는 아니다.

10) 칸가마

 작은 가마들이 일직선으로 연결되어 있는 개량 가마를 이른다.

[사진 118] 옹기굴 내부

[사진 119] 칸가마

11) 터널가마

도자기를 굽는, 터널 모양의 가마를 이른다.

2.9. 기타

2.9.1. 관용어

1) 이(가) 빠지다

그릇의 입 부분이 떨어져 나가는 것을 말한다. 제보자의 이야기에 따르면, 옛날에 이 빠진 그릇을 쓰면 삼대가 빌어먹는다는 말이 있었다고 한다. 전 잡을 때에도 이 빠지는 것을 고려해서 많이 사용하는 독을 만들 때는 이가 빠질 확률이 낮은 옆전을 쥐었다고 한다.

2) 일건애 이대장

첫째가 건애꾼, 둘째가 대장임을 이른다. 대장이 아무리 그릇을 잘 만들어 놓아도 건애꾼이 손질을 잘못하면 소용이 없다는 뜻으로, 건애꾼의 역할이 매우 중요함을 강조하는 말이다.

3) 찡 맞다

옹기를 만들면서 잘못 두드려서 우둘투둘해지는데, 부채질을 잘못해서 도모의 모서리에 맞게 되면 '찡 맞는다'고 한다.

2.9.2. 상태

1) 골지다

그릇에 자국이 남는 것을 이른다. 아시부채질을 할 때 빗살무늬를 사용하면 이런 현상이 나타난다.

2) 몸살

옹기를 만들 때 그릇 면 전체를 가리키는 말이다. 부채질을 할 때 그릇 안쪽에 도모를 받친 상태에서, 바깥면을 부채로 두들기게 되는데, 이때 도모를 정확하게 대어야 몸살이 풀린다고 한다.

3) 퍼지다

옹기를 만드는 과정에서 그릇이 찢어져서 못쓰게 되는 경우에 쓰는 말이다. 흙에 찰기가 없을 때 이런 문제가 발생한다.

2.9.3. 단위

1) 자리

옹기를 세는 단위이다. 한 자리는 한 말, 약 20리터에 상응하는 단위로, 물이 열 말 들어가면 열 자리라고 한다. '자루'의 방언으로 보이는데, <표준국어대사전>에 제시되어 있는 뜻풀이와는 차이가 난다.

2) 타름

옹기의 형상을 만들어 가는 층층의 벽을 이른다. 타름의 높이는 그릇의 크기에 따라 다른데, 대개 타름 하나가 7cm~8cm 정도이다. 한 타름, 두 타름 등 타름의 수를 세는 단위로도 쓰인다. 그릇을 성형하는 단계에 따라, 밑골타름, 중골타름, 윗골타름으로 나눌 수 있다. 타름은 주로 '탄다, 타린다'라고 표현한다.

2.9.4. 파편

1) 사금파리

그릇의 깨진 조각을 이른다. 참고로 <표준국어대사전>에는 사금파리의 뜻이 사기에 한정되어 있다.

제4장 사기장의 말

1. 구술 발화

1.1. 제보자

1.1.1. 배종태 사기장 소개

[사진 120] 배종태 사기장

배종태 사기장(남, 79세, 1929년생)은 경남 창원에서 태어나 우리나라가 해방되던 해, 17살 때부터 그릇 만드는 일을 시작해서 60년이 넘는 동안 손에 흙을 묻히면서 살아 왔다. 그는 여든이 가까운 지금도 여전히 물레에서 손을 떼지 않는 노익장을 과시하고 있다. "묵고 살기 위해서 일을 하다 보니께 지금까지 온 기다"라며 겸손하고 솔직하게 이야기하는 배종태 사기장은, 처음부터 사기를 만든 것은 아니었다. 그는 20년 넘게 옹기를 만들다가 도자기로 전업했다고 한다. 그는 일의 특성상 이곳저곳을 옮겨 다니다가 김해 진례에 정착해서 본격적으로 사기를 만들기 시작했다. 또한 배종태 사기장은 현재 김해 분청도자기축제를 주관하고 있는 김해도예협회를 만들었고, 힘든 생활 속에서도 꿋꿋이 그릇과 운명을 함께해 왔기에 그 공을 인정받아 2003년에는 경상남도 문화상을 수상하기도 했다.

1.1.2. 제보자의 생애 구술

問 올해 연세가 어떻게 되시는지요?

答 나이는 그렇게 1929년생이니까, 만으로 78살이제, 그제?

問 선생님께서 태어나신 곳은?

答 내가 태어난 곳은, 여게, 저 여게서 멀잖은 여 저 창원군, 지금은 창원군 그 옛날에는 창원군 동면인데 지금은 동읍이라고 읍이 인자 붙었어 동읍. 그게 그 외단계카는데. 그 그 우에, 그 신라 때 생긴 우곡사 '우곡'사 아 우곡사 소 우 자 우곡사 절이 있는데, 그 절 있는 그 골짜기에서 그 흘러 내려오는 물이 그리 그 우리 동네 앞으로 그리 내려간다.

問 여기는 언제 오신 겁니까?

答 여게 온 지는 지금 저 75년도에 여 왔제. 거게서 인자 태어나 가지고, 어 내가 인자 스물한 살 묵을 때 결혼을 하고, 또 스물세 살 묵을 때 6 · 25가 났거덩. 그 6 · 25 나 가지고 인자 군에 가서 2년 동안 복무하고, 그 인자 그 저 6 · 25 그 당시에 그 포항전투에 내가 참석핸 사람, 참전핸 사람인데 안 죽고 살은 기 그 머 기적이거덩. 다 죽었지. 그 저 우리 동네 서 그 음 그 당시에 그 저 저 어 열한 사람이 그{거기} 갔는데 군에 같이 내하고 같이 갔는데, 전부 다 죽고 지금 딱 살은 사람이 유일하게 내

한 사람 살아가 있다. 내가 인자 그 너무나 그 그 팔자가 험한 사람이니까. 그 인자 머 그래 그래서 살아 나왔다고 머 그래 생각하믄 되지.

[문] 이 일을 하신 지는 얼마나 되셨습니까?

[답] 이 일은 한 거는 인자, 어 1945년도 내가 이 흙에 입문해 가지고, 그러니까 인자 그래 가지고 인자 내가 3년 동안 내가 이 이 일을 배아 가지고 배아 가지그 그러니까 열일곱 살에 해방이 되었는데 3년을 그 후에 3년을 더 여게서 내가 몸담고 있었으니까 스무 살이라. 그래서 인자 스물한 살에 내가 장개를 가고 에 장개를 가고, 그래가 인자 스물세 살에 인자 6·25가 나고, 에 고래 인제 순서가 된 기라.

[문] 선생님 결혼하실 때 얘기 좀 해 주세요

[답] 내가 결혼할 때는 사진도 몬 찍었다. 사진도 찍고 머 그래 안 했고, 음 그 저 저 내 집안사람이 결혼해 가지고 올 때에 시집 올 때에 가마 타고 왔다. 허허. 에 나는 나는 걸어오고, 그 질이 한 어 길이 한 20리 되는데 거리가 내 처가집하고 한 20리 거리가 되는데 나는 걸어오고, 그 인자 그 내 색시는 인자 그 가마를 그 저 저 그 내 친구들이 인자 가마를 가져가서 인자 그래 태아 가 오고 그런 그런 식으로 그런 시절, 시절이었어 그 그 당시에는.

[문] 결혼은 어떻게 하시게 된 건가요?

[답] 에 그거는 인제 중매로. 에 내가 에 오촌이 내하고 인자 그 오촌 간인데, 오촌이 그 내 집안사람 그 저 이우지{이웃에} 살았거덩. 그래서 인자 내 오촌이 그 중신을 해 가지고, 그 중매를 서 가지고 그래서 인제 내가 중매결혼을 했어.

[문] 몇 번 보고 결혼하셨어요?

[답] 몇 번이라? 단 한 번 보고 했지. 한 번 보고는 머 서로, 그 그때는 인자 부모님들이 그래 마 그러믄 좋겠다 마 서로 인자 부모님들이 먼저 약속이 되고, 인자 그 그래서 인자 그러믄 좋겠다 머 이런 식으로 돼 가지고

인자 한 번 보고 그래 인자 결혼을 행게 했지. 대개 그런 식이지. 어. 우리는 그때 인자 선 보러 간다 이라 카거든, 선 보러 간다라 카믄, 선 보는 저 그 저 그 처녀가 말하자믄 그 저 신랑은 방아{방에} 앉아서 인자 대접을 그 저 대접을 받고 있고 그 말하자믄 머 술상이나 무슨 머 에 이래 인자 주안상을 채려 놓고 대접을 받고 있고, 그 색시 될 처녀는 인자 물 물로 인자 동이에다가 이고 그래 들어오거덩. 그 물로 이고 들어오믄 복을 복을 받는다고 해 가지고 그것도 그 그런 전설이 있어. 에 그래 인자 물로 이고 들어 오믄 인자 그 이고 들어오는 그 인자 자태를 인자 인자 헤헤 머 머 문틈이나 에 옛날에는 그 전부 종이 가 발라 노응게 문구녕 사이로 그래서 인자 에 보고 인자 그래 에 결정을 헤헤헤 어 결정을, 그렇다 아이가.

문　사모님 되게 미인이셨나 봐요? 그 자태를 보고…….

답　아 아이 마, 미인도 아이고 마 그래 그래 살았어.

문　선생님 젊으셨을 때 진짜 미남이셨을 거 같아요, 키도 크시고 자녀분들 보니까 되게 다 미인 미남이시던데…….

답　아니야. 음 머 내야 머. 허허허허.

문　자녀분은 어떻게?

답　내가, 자슥이 열 남매야. 열 남맨데 딸이 여섯이고, 아들이 다섯이고 다섯이고 오 행제고 그래 열 남매에서 지금 인자 군에 가서 아들 하나 죽고 또 인자 그 제일 내한테 장남이 쌍딩이거든. 쌍딩인데 그 작은놈이 군에 가서 죽었어. 군에 가 죽고 머. 그런 그런 머 파란만장한 그런 세월을 다 열거할라 카믄 얼마나 머 말도 몬해. 그 대충 열 남매를 그 머 내가 머 논 한 도가리{배미} 없고, 밭 한 떼기 없고 한 사람이 그 머 부모한테 시업(?)도 머 아무것도 머 받은 것도 없고 한 사람이 열 남매를 키우고 그래 살았으면 머 대충 머 짐작이 안 가겠나.

문　생계를 위해서 그 옹기일을 시작하신 거에요?

답 그렇지. 묵고 살기 위해서 그래 핸 거지.

문 근데 다른 일들도 참 많은데 하필이면 옹기일을 하시게 된 계기가 있습니까?

답 그때 인자 내 우리 인자 내가 사는 부락 근처에 그 공 공장이, 에 옹기 공장이 있었거덩. 그래서 거게 인자 쫄랑쫄랑 놀러 댕기면성 인자 그래 그기 인자 보잉 재미가 있고 이래서 인자 그래 시작한 기가 그게 내 평생의 직업이 된 기지.

문 학교는?

답 학교는 몬 댕깄지. 그래서 인자 내가 이 옹기를 배우고 이 흙에 입문을 해 가지고 하면성 참 그 다문 내 이름 석 자라도 배운 기, 내가 그 참 밤낮을 무맆쓰고 그 그래서 내가 그 머 공부라칼까? 에 내가 그래 가지고 그 참. 내가 어데 가도 객지로 내가 마이 댕겼는데, 저 울산을, 저 산청을, 전라도로 머 이래 객지를 마이 여게까지 오기까지 이래 마이 댕기고 여 김해요업이라꼬, 여게 진례 여 김해 여 거게 내가 창설잔데, 거기 거 일본사람들하고 어 같이 내가 그 근무를 하면성, 그 그 사람들이 일본사람들이 날로 그 학교 안 댕기고 무식한 사람인 줄을 몰랐어. 에 그래 인자 그 당시에 인자 머 내가 그래 열심히 그라니까. 일본말도 내가 지금 그 어 보통 머 그 일본사람들이 우리집에 여 공장에 들어오거든 오믄 대화는 돼. 에 그 정도는 돼. 되고, 또 에 어데 가도 내가 머 참 무식한 태를 안 낼라 카믄 안 낼 수 있는 이런 그런 것도 내가 갖추고 있어 마음에. 그래서 그래 마 학교를 내가 머 어느 어떤 학교를 댕겼다는 그런 학교 지적을 할 수 없는 그런게 인자 조금 인자 머 어느 학교를 댕겼다 아 그런 걸 데릴 수 없으니까 그런 거는 조금 내가 그 머 좀 안타까운 일이지마는, 머 그런 것 가지고 지금 머 늙어 다 죽어가는데 개의치, 개의할 것도 없고, 에.

문 그때 어르신들은 다 그러셨으니까……

답 머 그때 머 대부분 다 무식했지. 그렇지. 그라고 머 그때 당시에 머 학교 옆에 살고 이런 사람들은 머 우째 우연히라도 머 그래 머 댕길 수가 있었지마는, 우리는 그 또 머 집 그 집하고 사는 집하고 학교하고 멀고 이러니까 그 머 생계를 떠나서 그 머 학교를 댕긴다 카는 것은 거 어려운 일이거든. 머 그래 그렇지 않고, 머 부모네들이 열성을 가지고 머 학교를 꼭 보내고 머 공부를 시기고 이래한 사람들이 또 있지마는. 지금 저 이 지금 여 진례 여게를 내가 75년도에 여 와 살기 시작했거덩. 살기 시작했는데, 인제 이 진례에 내가 인자 그 먼젓번에 그 얘기를 했지마는 그 송씨네들이 주인들이고, 그래 가지고 그래 살믄서도 여기 와서 지금 여 인자 그 여 도자기협회 내가 초창기 창설자로서 내가 협회장을 이래했다가 보니까, 그 인자 진례에 여 출입하는 영감네들은 대충 다 알거덩, 에 나도 인제 이 우리 부락에 이 부락에 경로당 그 회장으로, 내가 가지고 있고 이렇다가 보니까 다 알거든. 에 그래서 인자, 음, 그 사람들이 머 날로 인자 그 아주 이래 천하게 보지는 않지. 에 내가 머 직업은 천하더라도 사람은 그래 천하게 안 보지. 그래서 머 그게 한 가지 좋고

문 전통을 고수하시는 일이 쉽지 않은데 어떻게?

답 내가 인자 살기 위해서 이 인자 하나의 생활 수단으로서 에 머 그래서 그래 그래 하다가 보니까 여까정 이래 와 진 기라. 그걸 인자 요즘 젊은 사람들맹쿠로 내가 머 가령 머 미술대학에 댕겼으면 미술과 어느 댕겨 가지고 머 어떻게 하겠다 머 출세를 하겠다, 아니면 또 머 공예과를 머 하겠다 머 머 이래해서 하나의 목적을 가지고 공부를 했든지 무슨 살아 나왔던지 머 이런 게 아니고, 나는 그저 묵고 살기 위해서 세월아 네월아 하고 그래 살은 기가 인자 여까정 이래 인자 자연적으로 이래 인자 와 진 기지. 에 그 내가 머 그 조금도 내가 그 머 그 거짓된 얘기가 아이고, 머 하나도 머 어 그석할 것도 없고 그래 살다가 보니까 인자 아이들 많제? 잉. 그래 인자 머 내 생활이 어렵제? 이런데 인자 내 또 성격이 넘한테 매이 가 사

는 이런 거를 전연 나는 싫어하는 사람이거덩. 머 내가 어데 가서 머 머 넘한테 수몰로{수모를} 당코 머, 뚜드려 맞고 머, 예를 들어서 머 그런 욕을 보더라 케도 낭패를 보더라 케도, 내 자신이 남을 이끌어 이끌어 나갈 수 있는 그런 내가 그 정신을 가졌거덩. 에 그래서 이 공장을 인자 머 여게서도 내가 시작한 지가 지금 한 이십 년, 이 이 집에서 한 지가 이십 년 넘었거덩. 이십 년 넘었는데, 그래 살아도 어 그 인자 머 밑천도 없고 머 자본 없이 머 그래 내 노력만 가지고 이래 살았다가 보니까 얼마나 그 그동안 그 애로가 많았겠어요? 그래서 머 그걸 머 그리 살믄서도 넘한테 가서 품팔고 머 그런 거는 없었고, 내가 경상남도 일대에 이 도자기공장 그 가마를 많이 지 줬어요. 지 주고 인자 가마 한 개 지 주면 얼마슥 내가 그 수, 일당을 받고, 그 일당이 아니라 그 머 저 한 개 지 주는 데 얼마슥 받고, 여 머 남해, 거제, 여 합천, 전라도 여 전라남도, 여 또 울산, 여 양산, 머 허허, 여 김해, 진례 머 머 이래 가지고 내가 내 손으로 가마를 지 준 기가 여러 수십 군데라. 여 여 심지어 그 양산에 그 유명하다 카는 그 저 지금 고인이 됐지마는 신정희 씨 가마도 내가 가서 지 주고 에 그랬어 그래서. 가마도 지 주고, 이거 인자 만드는 것도 만들고, 또 인자 굽는 것도 내 손으로 굽고 이라니까 하루도 내 날이다 싶은 날이 없는 기라. 하, 그래 내가 세월로 보냈어. 어 그래 그래 알면 돼. 그런 세월로 보냈다가 보니까, 머 내는 나는 머 그 어데 저 어데 저 머 여행이나 가고 머 어데 머 참 부락에서 이래 그걸 해도, 좋은 데를 가고 이래도 내가 부락 이게 게서는 그 나 많은 사람들이나 혹은 부락민들로 이끌어 나갈 수 있는 이런 거는 적극적으로 했지마는, 내가 머 그런 데 따라 댕기고 그런 식으로는 마 안 살았어요. 취재 온 그 사람들이 만약에 지금 머 저 헤 다부 젊어진다 카믄 또 이 일을 하겠나 이래 묻데.

問 뭐라고 하셨는데요?

答 에 그러면 그건 내가 거 당연하지. 에 당연한 게 왜 그런고 하믄 내가 자

속을 가르쳤으니까, 그거는 내가 그 하나의 분신, 내 몸 반쪽을 내가 으잉 가르치 났는데 내가 그 다시 젊었다고 해서 딴 걸 택할 수는 없고 그걸 그 길로 가야 된다 에 그건 내가 확실히 얘기했지.

문 멋진 말씀 하셨네요

답 허허허.

문 혹시 앞으로 계획하시는 일이 있습니까?

답 명년에 계획이 인자 하나 있다면, 명년에 내가 팔순에 에 팔순에 내가 개인전을 한 번 인제 부자전을 한 번 해 보까, 둘이 인자 저 그 막내이하고 둘이 부자전을 한 번 해 볼까 그걸 인자 계획을 세우고 있지.

문 계획 있으시네요~.

답 그래 머 그 동안에 죽으면 할 수 없는 기고 그것도 인자 다 물 건너 가는 기고 머 그렇지. 허허.

문 팔순이면 언젭니까?

답 8월. 명년 8월. 내가 인자 가정도 인자 할맘도 없고 내 혼차고, 인자 아아들이 와서 딸내들이 와서 밥 해 주고 호욕 방도 저 청소도 해 주고 치아 주고 머 이런 식으로 살다가 보니까, 어 인자는 머 그래 인자 머 사는 데 머 큰 구애를 안 받고 내가 욕심 머 안 채리고 마 이래 사니까, 에 머 인자는 음 머 내 사는 게 조금 좀 가 가벼워졌어. 에 조금 마음이 조금 어 가벼워졌는데. 그래 살고 있으니까. 머 그냥저냥 에 인자 작품도 머 작품전을 한다 캐도, 어떤 머 돈에 욕심을 가지고 에 머 내가 머 돈을 좀 머 요번 전시회를 해서 머 돈을 좀 마이 벌겠다 이런 생각은 전연 안 하고 또 여태까지 내가 살아 나온 것도 지금 칠순에 내가 그 개인전을 하고 안죽꺼정 안 했거든, 칠순에 그 저 부산에 그 국제신문사에서 했거덩. 그 때도 진짜 머 돈을 벌라 카믄 머 그 머 그런 걸 전시 그런 전시회는 안 했지마는 내가 그 머 칠순에 전시회를 하면성 머 여 진례 이 통원에 내 아는 범위 내에서는 다 한 번 여러 수백 명이 와서 그래 다녀갔었고 그래 내가 머 그 다녀갔는데 그 다문 오찬이라도, 점심 한 끼라도 내가 그 대접하고, 이래 살았다 보니까 내가 마 없어도 내 사는 거는 그래. 허허허 그래 살았어. 허허허.

📖 선생님께서 그렇게 진실되게 사시니까 또 사람들한테 인정도 절로 받으시고 그러신 것 같습니다.

📑 허허허. 그래 그래. 그래 인자 진례 여게도 에 이 도예하는 분들이 이래 많은 많은데 한 칠팔십 명 되는데, 에 나는 돈은 최고 없고 인자 이 머 불때고 머 이래할 때 또 낼 때 머 이럴 때 머 손님들 오면 머 이래 사고 안 사고 그걸 떠나서, 에 내가 머 작품을 팔고 이걸 떠나서, 이거 이래 와서 머 이래 올정과{오늘 저녁과} 같이 머 이래 놓고 가고 이라니께 제일 좋아 좋아요

1.2. 조사 마을

1.2.1. 김해시 진례면 송정리 도예마을 소개

김해시 진례면 송정리에 위치한 도예마을에 가면 여기저기서 공방들을 많이 볼 수 있다. 이 마을은 원래 옹기마을로, 지금은 도자기축제를 개최할 정도로 도예인이 많고 작품활동도 활발한 도예마을이다.

김해는 옛 가야 문화의 중심지로, 가야토기로 유명한 곳이다. 약 2000년 전 가야시대의 맥을 이어 발전하기 시작한 김해 지역의 분청도자기는 조선시대부터 생활자기의 본고장으로 자리잡게 되었다. 분청사기는 청자에서 백자로 넘어가는 중간단계인 15, 16세기에 번성했던 생활자기의 하나로 투박하지만 형태와 문양이 자유롭고 표현이 분방하면서도 박진감 넘쳐 서민적이면서도 예술성이 뛰어난 도자기이다. 이후 임진왜란을 거치면

서 위기를 맞았다가, 약 40여 년 전, 도공들이 모여들면서 다시 도예마을로 발전해 가고 있다.

옛 가야국 선인들이 사용한 가야토기에서 발전한 김해도자기를 관광상품으로 육성, 발전시켜 지역 경제 활성화를 도모하기 위해 김해분청도자기 축제가 매년 10월 말경에 개최되고 있다. 1996년부터 시작한 도자기 축제는 올해로 12회를 맞았다.[7]

1.2.2. 조사 마을의 환경과 배경 구술

🔲 이 마을은 언제, 어떻게 만들어졌습니까?

🔳 여, 우리 여, 진례 여게는, 음 그래 75 아! 80년도 80년 1980년 초부텅 여게 진례 여 인자 우리 한 사람 두 사람 이래 모이들기 시작해 가지고, 여게 인자 진례가, 어흠, 보면 인자 그 저 저게 부산에 그 저 그 초량에 있는 그 공예고등학교, 공예고등학교 그 출신이 여 태반이나 되거덩. 태반이나 되고 또 인자 해방되고 나서, 여게 마산에 여게 인자 그 도자기 시험소가 있었다. 에 시험소 그기 서울로 갔거든. 서울로 갔는데, 그 시험소가 있었는데 그 시험소에서 그 저 단기는 6개월이고, 장기 머 장기는 그 1년 머 1년 넘기도 하고 이랬는데. 그래 인자 그 그 사람들이, 에 인자 또 좀 나왔고 이래 가지고 그래 모이 든 기가 여기 진례 여게 이 이렇게 형성이 됐다 아이가. 그래 가지고 인자 협회가 구성이 되기로, 그래 인자 80, 89년도 인자 협회가 에 내가 인자 회장을 처음하면성 인자 그래 구성이 되고, 그래 가지고 인자 조금 이리 됐지. 옹기마을. 에 옹기마을이라. 그 때민에 그기 인자 원 원 원인이라. 하하.

---

7) 김해문화관광 홈페이지 http://tour.gimhae.go.kr/ 참조.

🔲 근데 여기 마을 이름에는 그런 이름이 안 남아 있던데요?

🔲 어, 그래도 요 주위에, 진례 요 통 안에 주위에서는 점촌카믄 안다.

🔲 아, 알아요? 요기가 딱 점촌입니까?

🔲 에 에 점촌이 요 요게 저 요게 여게가 원 그 개화명으로서는, 개화된 이름으로서는 청곡인데, 에 푸를 청 자, 고을 곡 자, 에 청곡인데, 그 청곡이라도 그 인자 요 요 머 안동네나 저쪽 머 바깥에나 여 머 점 점카고 점촌카고 이랬다.

🔲 아, 지금도 청곡이라고 합니까?

🔲 어 청곡카는데. 여 인자 오개 마을이거든, 오개 마을이 하나의 이가 됐거든. 어.

🔲 그러면 고게 어떻게 다섯 개 마을이 되는 겁니까?

🔲 요 인자 청곡, 요 인자 저 둔덕, 송정, 또 인자 산월, 그 도강, 에 이래 가지고 인자 다섯 개 마을이 하나의 이라.

🔲 아, 그게 인제 송정리네요?

🔲 에 송정리. 에 에 그래 인자 그 청곡은 안 붙여도 송정리만캐도 여 우편 배달이 되고 다 통한다.

🔲 언제부터 청곡이라고 불린 겁니까?

🔲 그건 인자 그 저 그거 될 때, 일본사람들이 진 이름 아이가.

🔲 왜정 때요?

🔲 에 왜정 때. 어.

🔲 선생님은 요 마을에 몇 년도에 오셨어요?

🔲 나는 그 여게 에 왔다갔다 여 인자 저 옹기마을이 있었다가 보니까 됐다 보니까, 내 직업이 인제 옹기를 했다 보니까, 그때 인자 어 6·25사변 전부팅 여 왔다갔다 했어. 내가 인자 고향이 요 요 너매니께네, 창원이니까. 가깝고 하니께 왔다갔다 했제.

🔲 경남 지역은 다 다니셨네요?

답 하 그래, 경남은 여 울산서도 내가 또 그 사업도 오래 했고, 울산 머 저 산청 전라도 한편까지. 그런데 인제 여 지방사람들은 옹기 만드는 사람이 없고, 에 그때는 옹기 만드는 에 도공들이 저 객지 사람들이 주로 많이 온다. 그 그때는 인자 이기 우째 됐냐 하믄, 에 내가 인자 직공을 한 사람 데리면 이 직공을 데리고 올 적에 선금을 준다. 선금을 요새 돈 겉으면 한 백만원이나 이백만원이나 이래 준다. 주믄 그 사람이 인자 선금을 받아 가지고 지가 인자 여문 사람은 선금을 받아 가지고 지가 쓰지마는, 그래 아이믄 인자 전부 빚이 져 가지고 느그집에 있다가 하하 내한테로 오니까. 느그집 빚을 갖다 갚아야 되거덩. 갚아야 내한테 옮겨지는 기라. 그렇다가 보니까 전부 객지사람들이라. 객지사람들이고, 지방사람들은 인자 부인네들이 그때 옛날에 그 저 소달구지 구루마, 구루마 그거 그 거게다가 옹기를 싣고 인자 저 김해시장, 장유시장, 진영시장, 그래서 저 장 장에 댕기면서 팔고 그래 아이면 인자 촌으로 인자 이고 댕기면성 그래 팔고 이 동네가, 참 요 요즘 젊은 사람들이 머 연기난다고 머 내 요 도자기 굽는데 연기 난다고 머라카고 이래도, 내가 안글카나, "느그는 연기 묵고 큰 큰 사람들이다, 으잉? 으 느그 연기 묵고 큰 사람들이 연기를 배반하면 되나?" 내가 에 이런 말도 하는데. 그렇다.

문 그래도 대부분의 사람들은 농사 많이 지었죠?

답 그래. 아 그래. 농촌 아이가? 여 농촌 아이가.

문 이 마을이 이웃마을들하고 달리 독특한 점이 있다면, 아까 말씀하셨던 옹기마을입니까?

답 그래. 옹기 그 때문에 그렇지. 촌에 여 망구 머 머 여 부업이 있나? 부업이 없다 아이가? 그기 인자 하나의 그 기업체가 되어 가지고, 그걸 거게 인자 그 옹기 거 공장에 하루 품팔이 할라꼬 사흘썩 나흘썩 기다리고 있다가 하루 품팔이 해 가지고 그때는 하루 품 팔믄 쌀 한 되 받았다. 우째 묵고 살꺼고? 그래 그 어려벘다 아이가. 그래 어려웠다. 그래가 인제 봄 되면 그 농사 좀 많이 짓는 집에 가서 인자 쌀로 인자 갖다 한 열 되나 스무 되나 이래 가져온다 아이가. 가져오믄, 빌려가 오믄 인자 그 쌀 한 되 일 하루씩 해 주면 스무 되 가져오면 스무 날로 해 줘야 된다. 그렇게 여 어렵거 어려워 어렵게 살았다. 어흠.

固 그게, 그 일을 안 하게 된 시기가 칠, 팔십년댑니까?

固 음 그래 인자 내가 여기 인자 들어와 가지고, 인자 어 이 동네 인자 완전히 정착을 하면성, 그때 인자 70년도 70, 에, 70년도 말경에 인자 여 저 옹기마을이 그 저 없어졌지.

固 그러면 인제 옹기 하시는 분들 하나도 안 계세요?

固 음, 없다. 에 한 사람도 없다. 내 하나뿐이다.

固 지금 이 마을 상태하고요, 선생님께서 처음에 여기 오셨을 때하고 비교하면 많이 바뀌었죠?

固 많이 바뀌었지. 많이 바뀌기로

固 제일 많이 바뀐 게 뭐 어떤 겁니까?

固 머 지도가 배뀌었지. 여기 지금 여 앞에 여기 여여여 이 앞에 저 전봇대 만치 높았다, 지형이.

固 지형이요?

固 에 지형이 그래 높아 가지고, 저 아래는 저저저 저 밑에는, 이래 인자 그 경사가 졌거 졌거덩. 경사가 져 가지고 이런데, 여게는 머 머 아주 그 저 저 머머 여는 머 농사도 안 지어 묵는 땅이고, 여는 마 머 수풀만 우묵한 땅에 내가 이래 닦아 가지고 그래가 산다 아이가.

固 선생님, 여기 집 지으신 지는 얼마나 되셨어요?

固 이기 지은 지가, 내가 환갑을 여기서 해 묵었으니께. 헤헤헤. 한 이십년 됐는가배.

固 그 전에는 거의 뭐……?

固 여 밭떼기다. 에 에 머 저 그 찌끄래기나 갖다 붓고 머머 그래.

2. 조사된 어휘

2.1. 사기의 개념

사기는 조선조에서 자기질의 그릇들을 통칭한 용어로서, 조선조 중엽까지 자기를 지칭했으나 그 이후부터는 자기, 도기 구별 없이 공용으로 쓰이고 있다. 백토를 주원료로 구워 만든 그릇이며 고온 소성하여 강도가 높고 흡수율이 거의 없어서 식기 등으로 많이 쓰였다.[8]

오늘날 사기는 도자기와 유사한 개념으로 사용되는 경향이 있는 것 같다. 원래 도자기는 도기와 자기를 아우르는 개념으로, 도기에 해당되는 옹기를 포함하는 말이다.[9] 그런데 실제로 현지조사에서는 옹기장, 사기장 모두 '옹기와 도자기는 다르다'는 인식 하에 옹기와 사기를 대립적인 용어로 사용하고 있었다. 게다가 일반 사람들의 경우에도 사기라는 말보다는 도자기라는 말을 사용했을 때 그 개념을 더 쉽게 파악하는 것 같았다.

[사진 121]
사기1-완성되기 전 그릇

[사진 122]
사기2-완성된 그릇

[사진 123]
사기3-다기

---

8) 정동훈(2001 : 101) 참조.
9) 도기와 자기를 포함한 말. 점토를 불에 구워 만든 모든 그릇을 칭한다. 자기는 시유 또는 무유 태토로 되어 있는 소성품으로서 일반적으로 백색이고 미세한 조직을 갖는 강한 도자기를 말하며 도기는 약간 흡수율이 있으며 무른 그릇을 말한다(정동훈 2001 : 55).

2.2. 도구

2.2.1. 성형 도구

1) 갓

굽을 깎을 때 쓰는 받침대를 이른다. 제보자의 말에 따르면, 그 받침대가 갓처럼 생겼다고 해서 붙여진 이름이다. '굽대'라고도 하는데, 굽대 중에서 큰 것을 가리켜 보통 갓이라고 부른다.

2) 굽대

굽을 깎을 때 사용하는, 흙으로 만든 받침대이다. 굽대는 그릇의 크기에 따라 다양하다. 대개 물레에 올려서 흙을 붙여 고정한 후에, 그 위에 손질할 그릇을 엎은 후 굽을 깎는다.

[사진 124] 굽대1

[사진 125] 굽대2

3) 굽쇠

굽을 깎는 데 사용하는 칼을 이른다. 그릇의 종류가 다양하므로, 그릇을 깎는 굽쇠 또한 길이, 너비, 모양 등이 다양하다. '굽칼'이나 '굽 깎는

칼'이라고 부르기도 하고, 그냥 '칼'이라
고 부르기도 한다.

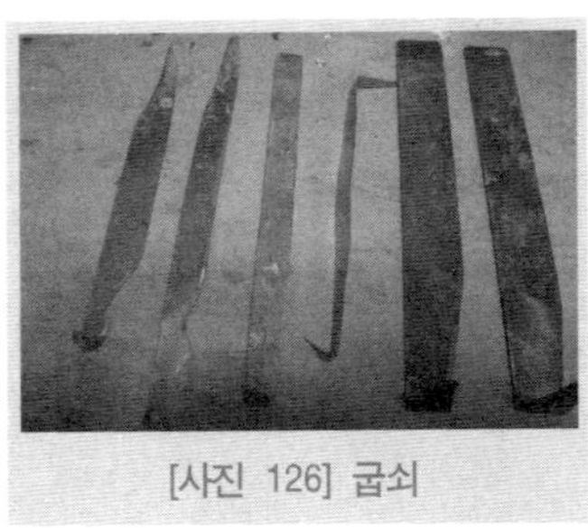

[사진 126] 굽쇠

4) 나막신뒷굽

큰 그릇을 만들 때 그릇 안을 매끄럽게
다듬는 도구이다. 모양이 마치 나막신뒷굽
처럼 생겼다고 해서 붙여진 이름이다. '나막신뒤꿈치'나 '나막신뒤춤'이라고
부르기도 하는데, 디딜박이나 주걱과 같은 대상을 지칭한다.

[사진 127] 나막신뒷굽/디딜박1－안면

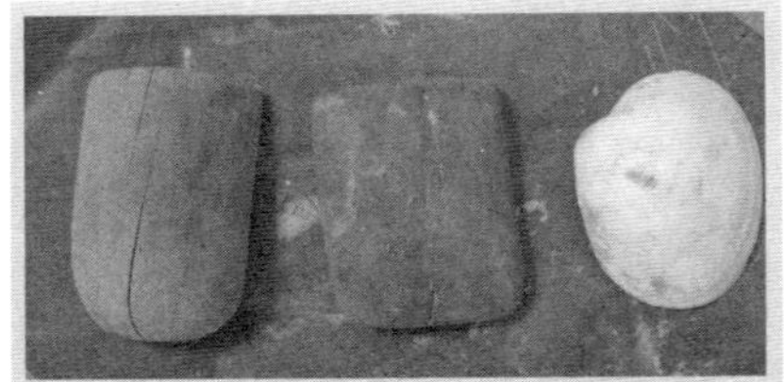

[사진 128] 나막신뒷굽/디딜박2－바깥면

5) 디딜박

성형할 때 그릇 안에 넣어 다듬는 도구를 이른다. 주로 항아리나 사발
을 만들 때 사용한다. 같은 대상을 가리켜 '나막신뒷굽'이라고 부르기도
한다. 옛날에는 조개를 넣어서 그릇을 다듬기도 했다고 한다.

6) 물레

그릇을 성형하는 데 사용하는, 원반 모양의 도구이다. 주로 시계 방향
·으로 물레를 돌려서 그릇을 성형한다.

7) 발물레

발의 힘을 이용해서 돌리는 물레이다. 옛날에는 발물레 한 종류밖에 없었지만, 요즘은 손물레, 발물레, 전기물레 등 물레의 종류가 다양해졌다고 한다.

[사진 129] 발물레

8) 빌쇠

그릇을 성형한 후에 밑 부분을 자르는 데 사용하는 도구이다. 빌쇠를 이용해서 물레 위에 놓인 그릇을 베어 낸다.

9) 전 잡는 고무

그릇의 전을 잡는 데 쓰는, 고무로 만든 도구를 이른다. 제보자는 하나의 단어로 된, 특별한 명칭을 붙여 부르지는 않았으나, 물가죽과 같은 도구로 보였다. '고무조각'이라고 부르기도 한다.

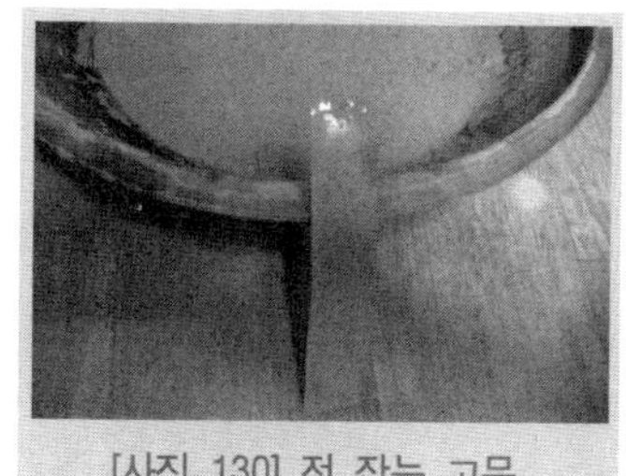

[사진 130] 전 잡는 고무

2.2.2. 가공 도구

1) 얼거미

수비를 할 때 쓰던, 구멍이 굵은 체를 일컫는데, '어레미'의 방언이다.

2.2.3. 운반 도구

1) 송판

소나무를 켜서 만든 널빤지를 말한다. 다 만들어진 그릇을 올려놓고 말리거나 그릇을 운반할 때 사용한다.

2) 쪽판

그릇 하나를 얹어 말리거나 운반할 때 쓰는 작은 판을 이른다.

[사진 131] 쪽판

3) 철사

성형이 끝나고 물레에서 그릇을 떼어 내는 데 쓰는 도구이다. 철사 대신에 튼튼한 실을 사용하기도 한다.

2.2.4. 측정 도구

1) 자

그릇의 크기를 재는 데 사용하는 도구이다. 제보자는 보통 눈짐작으로 그릇의 크기를 일정하게 만들지만, 때때로 치수를 확인해 볼 필요가 있을 때는 자를 사용하기도 한다고 했다.

2) 콤파스

컴퍼스를 일컫는 말이다. 뚜껑을 만들 때나 똑같은 크기로 그릇을 성형

할 경우에 크기를 일정하게 맞추는 데 사용
한다.

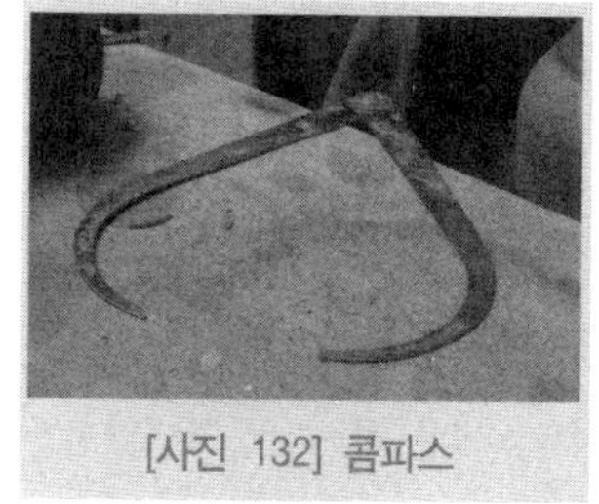

[사진 132] 콤파스

2.2.5. 장식 도구

1) 귀얄

풀이나 옻을 칠할 때에 쓰는 솔의 하나로, 주로 돼지털이나 말총을 넓적하게 묶어 만든다. 귀얄을 보통은 붓이라고 부르는데, 이 붓으로 자국을 낸 문양을 귀얄문이라고 한다. '빗자리'라고 부르는 경우도 있었다.

2) 조각칼

조각할 때 사용하는 칼을 이른다. 그릇 표면에 장식을 할 때 사용하는데, 도자기는 장식기법에 따라 그릇의 종류가 다양해지므로 조각칼이 중요한 도구 중의 하나이다.

2.2.6. 가마 도구

1) 갑반

그릇을 덮어 씌워서 굽는 도구이다. 동그랗게 생겼으며, 속이 비어 있다. 그릇을 깨끗하고 정교하게 만들기 위해서 사용하는데, 옛날에 관요에서 많이 사용했다고 한다. '갑발, 사야'라고 부르기도 한다.

[사진 133] 갑반

2) 개떡도지

가마 안에 그릇 놓을 때 쓰는, 둥근 형태의 받침대를 이른다. 제보자에 따르면, 이는 보리개떡처럼 생겼다고 해서 붙은 이름이다. '개떡도딤이'라고 부르기도 하며, 줄여서 '개떡'이라고 부른다. 옛날 전통가마에서는 흔히 볼 수 있었지만, 요즘에는 보기 드문 물건이다.

[사진 134] 개떡도지1—앞면

[사진 135] 개떡도지2—옆면

3) 공수

가마에 그릇을 잴 때 바닥을 다지는 도구이다. 제보자는 손으로 친다는 뜻의 '공수(攻手)'라고 설명했다. 모래 위에 그릇을 바로 놓게 되면 그릇 무게 때문에 바닥이 가라앉기 때문에, 공수로 탁탁 쳐서 바닥을 다진 후에 그릇을 놓았다고 한다.

[사진 136] 공수

4) 도지

[도찌]라고 발음되는 이 도구는 가마 안에 도자기를 놓을 때 쓰는 받침대로, '도짐이'라고 부르기도 한다.

5) 불꼬챙이

가마의 불을 땔 때 쓰는 꼬챙이를 이른다. 불보기를 꺼낼 때에도 이것을 사용한다.

6) 불보기

가마에 불을 땔 때 기물의 상태를 알아보기 위해 넣는 조각을 이른다. 그릇 조각을 동그랗게 깨서 안에 구멍을 뚫고 유약을 먹여서 도수리구멍 앞에 놓고, 그릇이 익었는지를 알아보기 위해서 꺼내 본다. 보통 한 칸에 세 개 정도씩 넣는데, '시험편, 시편'이라고 부르기도 하며, 일본말로는 '이로미'라고 한다.

[사진 137] 불보기

7) 장구도지

가마 안에 그릇을 놓을 때 쓰는, 장구 모양으로 생긴 받침대를 말한다. 개떡도지와 마찬가지로 요즘 보기 드문 가마 도구이다.

8) 지주

가마에 그릇을 재임할 때 쓰는 받침대이다. 대개, 지주를 네 개 정도 세우고 판을 위에 깔아서 그 위에다 그릇을 올려놓는다.

[사진 138] 지주

2.3. 재료

2.3.1. 흙

1) 굽질

굽을 깎고 나서 남은 흙을 이른다. 사기의 경우에는 굽을 깎는 일이 많으므로 굽질이 많이 나온다. 이 굽질을 모아 뒀다가 반죽을 다시 해서 사용할 수 있다. '굽가리(굽가루)'라고 부르기도 한다.

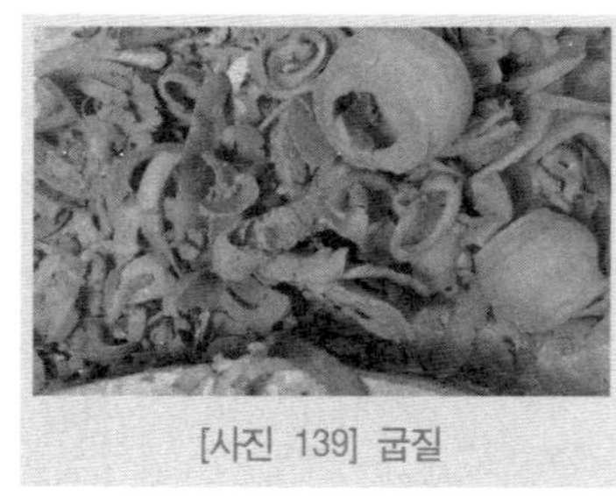

[사진 139] 굽질

2) 꼬박

도자기를 빚는 데 쓰려고 이긴 흙덩이를 이른다. 흙 안에 있는 기포를 제거하기 위해서 반죽을 하는데, 이렇게 반죽할 때 고개를 숙였다 들었다 한다 즉, '꼬박꼬박한다'고 해서 붙여진 이름이다. 꼬박을 '꼬막'이라고 부르기도 한다.

3) 망뎅이

가마를 만드는 데 사용하는 흙덩어리를 이른다. 동그랗게 생겼으며, 길이는 15~16cm 정도, 굵기는 11cm 정도 된다. 가마를 짓는 데 '만 덩어리'가 들어간다고 해서 붙여진 이름이다. 망뎅이로 지은 가마를 망뎅이가마라고 하는데, 이 가마는 문경 지역에서 유명하다. '망성이'라고도 한다.

4) 망성이

가마를 만드는 데 사용하는 흙덩어리를 이른다. 모양이 제멋대로 생겼

다는 뜻의 '두루망숭이(망셍이)'에서 온 말이라고 한다. '망뎅이'라고 부르기
도 한다.

[사진 140] 꼬박

[사진 141] 망뎅이/망셍이

5) 반마사토

백토의 한 가지로, 불에 잘 녹지 않는 흙이다.

6) 백자흙

백자의 재료로 쓰는 흙을 이른다. 백자흙은 찰기가 적은 편이다.

7) 백토

흰 빛깔의 흙으로, 주로 사기의 재료로 쓰인다. 분장할 때 사용되기도
하는데, 검은 태토에 백토를 발라서 그릇을 만들면 분청사기가 된다.

8) 분청흙

분청사기의 재료로 쓰는 흙이다. 분청흙으로는 철분 함량이 높은 적토
를 많이 쓴다고 한다.

9) 소지

그릇을 만드는 데 사용하는 점토를 이른다. 그릇의 재료가 되는 흙을 통칭하는 말이다.

10) 청자흙

청자의 재료가 되는 흙이다. 청자흙은 옹기흙과 비슷하게 찰진 점토질을 사용한다고 한다.

11) 태토

그릇을 만드는 바탕흙을 이른다. 도자기 만드는 흙을 가리키는데, 태토가 같아도 유약에 따라서 색깔이 다른 그릇이 나온다.

2.3.2. 유약

1) 묵보래

천연 재료로 만든 유약을 이른다. '물토'나 '천연유약'이라고 부르기도 한다.

2) 유약

도자기의 몸에 씌우는 약이다. 도자기에 액체나 기체가 스며들지 못하게 하며 겉면에 광택이 나게 한다. 어떤 유약을 쓰느냐에 따라 같은 태토라도 다른 도자기가 나온다. 또 유약이 같더라도 가마에서 불을 땔 때 불공기에 따라서 푸른빛도 나오고 붉은빛도 나온다고 한다.

3) 재유

유약의 한 가지로, 잿물을 말한다.

4) 황유

누런색의 도자기 유약을 이른다. 참나무재를 사용하면 색깔이 누렇게 나온다고 한다.

5) 회진사

재를 섞은 진사유약을 이른다. 유약을 만들 때 재를 섞는 경우도 있고, 그렇지 않은 경우도 있다고 한다.

6) 흑유

검은색의 도자기 유약을 이른다. 소나무재를 사용하면 색깔이 검게 나온다고 한다.

2.3.3. 안료

1) 산화동

진사를 만드는 데 사용하는 안료이다. 산화동을 흙과 섞어서 유약을 입힌 후에, 불을 때면 붉은빛이 나온다고 한다.

2) 자연철

비가 많이 올 때 자석을 이용해서 땅에서 얻는 쇳가루를 이른다. 아무

땅이라도 자연철을 얻을 수가 있다고 한다.

3) 철사

안료의 한 가지로, 그릇에 검은 빛깔이 나게 한다.

2.3.4. 연료

1) 달음나무

가마를 처음에 달구기 위해 사용하는 나무를 이른다. 통나무를 주로 사용한다. 땔감으로는 소나무를 선호하는데, 소나무에서 나오는 송진이 화력을 좋게 하기 때문이라고 한다. '달굼나무'라고 부르기도 한다.

[사진 142] 달음나무1

[사진 143] 달음나무2

2) 땅땐목

창불을 때는 데 쓰이는 나무를 이른다.

3) 봉통나무

봉통불을 땔 때 쓰이는 나무이다.

4) 영사나무

가마에 불을 땔 때 사용하는 나무이다. 칸불을 땔 때 사용하는 장작을 가리킨다. '영사, 영새나무, 영새, 장작'이라고 부르기도 한다.

2.3.5. 기타

1) 잡재

참나무와 소나무 등 여러 가지 재료가 섞인 재를 이른다. 재는 유약의 재료로 사용된다.

2.4. 제작 과정

2.4.1. 성형 전 작업

1) 꼬박(을) 밀다

도자기를 만드는 데 필요한 흙을 반죽하는 것을 말한다. 점력을 높이고 기포를 없애기 위한 작업이다. 이렇게 해서 만든 꼬박을 물레 위에 올려 놓고 그릇을 성형하기 시작한다. 요즘은 꼬박을 밀지 않고, 기계를 이용하거나 반죽이 다 된 흙을 사서 쓰는 사람들이 많다고 한다. '꼬막을 밀다'라고 말하기도 한다.

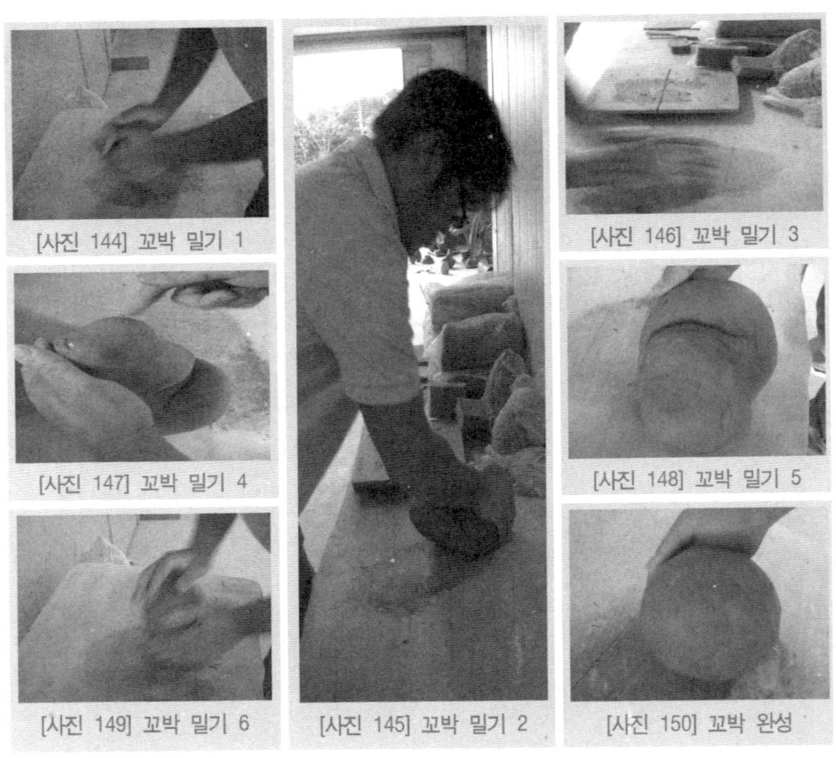

[사진 144] 꼬박 밀기 1

[사진 146] 꼬박 밀기 3

[사진 147] 꼬박 밀기 4

[사진 148] 꼬박 밀기 5

[사진 149] 꼬박 밀기 6

[사진 145] 꼬박 밀기 2

[사진 150] 꼬박 완성

2) 꼬박 밟다

수비한 흙을 물기가 빠진 후 둥그렇게 모아 놓고 발로 자근자근 밟는 동작이다.

3) 수비

그릇을 만드는 흙 따위를 물속에 넣고 휘저어 잡물을 없애는 일을 이른다. '톳물 받는다'라고 말하기도 한다.

4) 톳물 받다

그릇을 만드는 재료인 흙을 얻기 위해서 흙물을 거르는 일을 말한다.
대개 '수비'라고 한다. 요즘엔 큰 고무통을 사용해서 작업을 하지만, 옛날
에는 땅두멍을 파서 톳물을 받았다고 한다.

2.4.2. 성형 작업

[사진 151] 성형 과정1

[사진 152] 성형 과정2

[사진 153] 성형 과정3

[사진 154] 성형 과정4

[사진 155] 성형 과정5

[사진 156] 성형 과정6

[사진 157] 성형 과정7

[사진 158] 사발 완성

1) 굽(을) 깎다

그릇의 형체를 만든 후에 굽을 깎아서 다듬는 일로, 성형의 마지막 단계에 해당한다. 굽 깎기는 '굽 처리'라고 부르기도 한다. 사발 등 사기의 경우에는 굽을 깎는 작업이 필수적이다. 굽쇠를 사용해서 굽을 깎으면서 그릇의 표면을 다듬기도 한다.

[사진 159] 굽 깎기1

[사진 160] 굽 깎기2

2) 굽(을) 닦다

굽을 깎은 후에 거친 부분을 천으로 부드럽게 닦는 것을 말한다. 굽 부분에 묻어 있는 유약을 닦아 내는 일을 의미하기도 한다.

3) 꼬박 치다

그릇을 성형하기 위해서 꼬박을 물레에 얹어 치는 동작이다. 꼬박을 친 다음에 본격적인 그릇 성형을 시작한다.

4) 도가니 파다

물레에 올린 흙에 양손 엄지손가락을 넣어 그릇 모양이 될 구멍을 파는 것이다.

5) 물레성형

물레를 돌려서 그릇을 성형하는 일을 이른다. 성형 방법에는 여러 가지가 있지만 제보자들이 실제로 사용하는 것은 전통적인 물레성형밖에 없었다.

6) 성형

그릇의 형체를 만드는 것을 말한다. 보통 물레를 시계 방향으로 돌려서 성형한다. 크기가 큰 그릇을 만들 때에는 옹기 성형 기법을 사용하기도 한다.

[사진 161] 물레성형

7) 써내다

그릇의 몸을 늘이는 동작으로, 제보자는 고대를 가지고 그릇을 써낸다고 한다.

8) 전(을) 잡다

그릇을 성형하면서 전을 만드는 일을 이른다. 옹기의 경우보다는 상대적으로 전의 종류도 적고, 전 잡는 도구도 많지 않았다. '전을 쥐다'라고 말하기도 한다.

2.4.3. 성형 후 작업

1) 가마고사

가마에 불을 때기 전에 행하는, 작업이 잘 되기를 기원하는 고사를 이른다. 대개 칸불이 올라가기 전에 지낸다고 한다. 가마고사를 지내면서 가마성주를 매는 의식을 행하기도 한다.

[사진 162] 가마고사

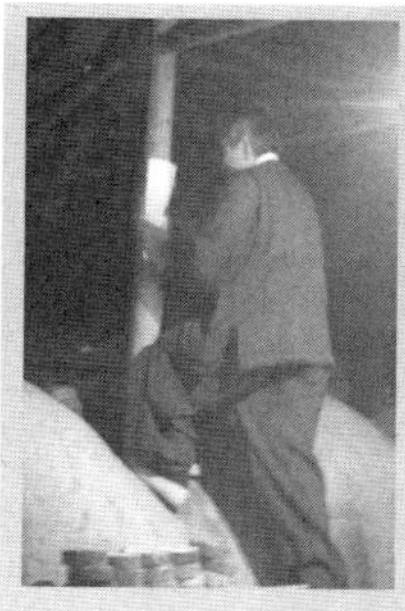
[사진 163]
가마성주 매기

[사진 164] 가마성주

2) 공불

가마를 말릴 때에 때는 불을 이른다.

3) 국화문

국화 모양의 무늬를 이른다.

[사진 165] 국화문

4) 귀얄기법

귀얄을 사용해서 그릇을 장식하는 기법을 이른다.

5) 귀얄문

귀얄을 사용해서 만든 무늬이다. '붓자국,
빗자국'이라고도 한다.

[사진 166] 귀얄문

6) 그릇재임

가마에 그릇을 재는 일을 말한다. 흔히들 '가마재임'으로 부르지만, 제보자들에 따르면 '그릇재임'이 바른 표현이다.

7) 끌목하다

초벌구이를 이르는 말인데, '그을음을 벗긴다'는 뜻에서 나온 표현이라고 한다.

8) 노리칸불

노리칸에 때는 불을 이른다.

9) 달음불

가마의 봉통에 때는 불이다. 봉통에 통나무를 넣어서 가마를 달군다는 의미에서 달음불이라고 한다.

10) 덤벙기법

그릇을 백토물에 담가 분장하는 기법을 이른다.

11) 대나무문양

대나무 모양의 무늬를 이른다.

12) 딴끌목

가마에 따로 넣어서 초벌구이만 하는 것을 이른다. 즉, 끌목칸에 넣어서 재벌구이하는 그릇과 함께 굽지 않고, 따로 초벌만 하는 것이다. '땅끌목'이라고 부르는 경우도 있는데, 이는 딴끌목이 바뀐 것이라고 제보자는 설명하였다.

13) 모란문

모란 모양의 무늬이다.

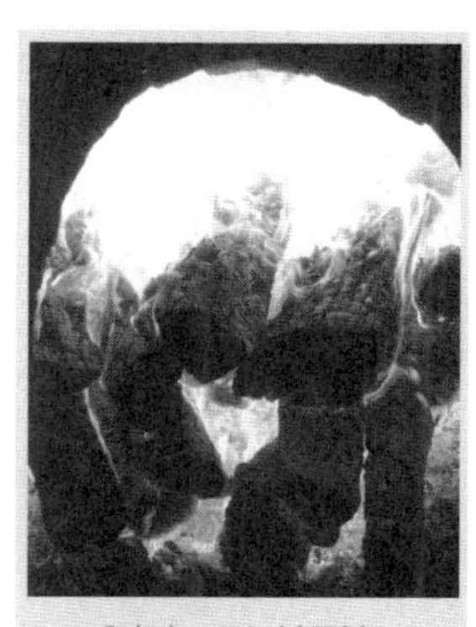

[사진 167] 모란문

14) 밑불

봉통에 불을 때서 위로 올리는 불을 이른다.

15) 백상감

흰빛이 나오게 하는 상감이다.

16) 본불

초벌 후에 때는 불로, 재벌구이를 이른다.

17) 봉통불

가마의 봉통에 때는 불이다. 봉통에 통나무를 넣어서 가마를 달군다는 의미에서 '달음불'이라고도 한다.

[사진 168] 봉통불

18) 분청

도자기에 백토로 분을 바르는 일을 이른다. '분장'이나 '화장'이라고 부르기도 한다.

19) 불때다

가마에 땔감을 넣고 불을 붙여 그릇을 굽는 일을 말한다. 사기는 초벌구이와 재벌구이를 거쳐서 완성되는데, 사기장에게 불때기는 매우 중요한 작업이다.

[사진 169] 불때기1

[사진 170] 불때기2

20) 산화불

가마 안에 공기를 넣어 가면서 때는 불을 이른다. 제보자의 말에 따르면, 도자기를 굽는 불에는 산화불, 중성불, 환원불의 세 종류가 있다고 한다.

21) 상감

기물의 표면에 음각을 한 후 분장토를 메워 넣어 정리하여 점토와 분장토를 다른 색상으로 장식한 후 투명유약을 시유하는 방법을 이른다. 고려

상감청자 등이 이러한 방법으로 장식한 경우이다.

22) 새북

잘 녹지 않는 흙을 파 물에 개서 체에 거른 후 가마의 천장에 바르는 일을 말한다. 한 가마를 굽고 나면 새북을 했다고 한다.

23) 시유

도자기를 만들 때에, 유약을 바르는 일을 이른다. 시유하는 방법은 여러 가지인데, 주로 유약이 담긴 통에 담갔다 빼는 방식으로 시유를 한다.

[그림 171] 시유

24) 양각

조각에서, 평평한 면에 글자나 그림 따위를 도드라지게 새기는 일을 이른다.

25) 연리문

빛깔이 다른 태토를 배합하여 만든 무늬이다.

26) 연화문

연꽃 모양의 무늬이다.

27) 용문

용 모양의 무늬이다.

[사진 172] 연리문

[사진 173] 연화문

[사진 174] 용문

28) 유약하다

초벌구이를 한 도자기에 유약을 바르는 일을 이른다.

29) 음각

조각에서, 평평한 면에 글자나 그림 따위를 안으로 들어가게 새기는 일을 이른다.

30) 인화

도자기를 만들 때에, 도장 따위의 도구로 눌러 찍어 무늬를 만드는 기법이다.

31) 인화문

도장으로 찍어서 낸 무늬이다.

[사진 175] 인화문

32) 재벌구이

초벌구이한 그릇을 유약을 발라 다시 굽는 것을 이른다.

33) 중성불

산화불과 환원불의 중간에 해당하는 불이다.

34) 초벌구이

그릇을 가마에 넣어 처음 굽는 것을 이른다.

35) 칠바르다

가마 작업 후에 균열이 생긴 천장에 흙물을 발라 메우는 행위를 이른다. 그릇을 굽고 나서 자꾸 칠을 하다 보면 두꺼워진다.

36) 칸불

도자기가 들어있는 칸에 때는 불이다. 칸불을 땔 때는 영사나무를 칸

안에 넣는데, 가마의 칸이 여러 개이므로 한 칸씩 위로 올라가면서 단계적으로 불을 땐다. 상황에 따라 달라지겠지만 보통 한 칸에 두 시간 정도 걸린다고 한다.

[사진 176] 칸불1

[사진 177] 칸불2

37) 흑상감

검은빛이 나오게 하는 상감을 이른다.

2.5. 제작품

2.5.1. 재료

1) 백자

순백색의 바탕 흙 위에 투명한 유약을 발라 구워 만든 자기를 이른다. 청자에 비하여 깨끗하고 담백하며 검소한 아름다움을 풍긴다.

2) 분청사기

백토로 분을 발라 다시 구워 낸 회청색 사기이다. 분청사기라는 이름은 1940년경 미술사학자이자 미학자였던 고유섭 선생이 '분장회청사기'라고 이름을 붙인 데서 비롯하였다고 한다.[10] 백자와 달리, 분청사기는 백토로 분장하여 흰빛을 띠는 사기로 서민적이고 소박한 느낌을 준다.

[사진 178] 백자

[사진 179] 분청사기

3) 청자

푸른 빛깔의 자기를 이른다. 자기의 몸을 이루는 흙과 잿물에 포함된 철염의 성분이 환원염이기 때문에 푸른빛을 띤다. 고려 시대에 만든 청자는 기술과 무늬가 독창적이고 섬세하며, 미묘함이 세계적이다.

4) 진사

진사를 사용해서 만든, 붉은 빛깔의 자기를 이른다. 산화동을 흙과 섞

---

10) 강경숙(2005) 참조.

어서 굽게 되면, 열처리 과정에서 빛깔이 붉게 나온다. 진사 중에는 붉은 색 외에 푸른빛을 띠는 경우도 있는데, 이는 열처리 단계에 따라 색깔이 변하기 때문이다. 제보자의 설명에 따르면, 열처리 시간이 길어짐에 따라 붉은색에서 푸른색으로 바뀌고 나중에는 색이 다 날아가서 없어지기도 한다고 한다. 진사는 원래 재료의 이름이지만, 그것을 재료로 해서 만든 제작품도 흔히 진사라고 부른다.

[사진 180] 진사

[사진 181] 진사호

5) 칠기

재와 물토를 섞은 유약을 입혀 만든 도자기이다. 칠기는 재의 종류, 열처리 온도, 태토에 따라 색깔이 다르게 나타나는데, 그 종류로는 황유칠기, 흑유칠기, 녹유칠기 등이 있다.

2.5.2. 쓰임

1) 다기

차를 마시는 데 사용하는 도구이다. 그 종류가 다양하지만, 찻잔, 찻주전자, 차호, 식힘사발, 버림사발이 대표적이다. 사람 수에 따라서 2인용, 3인용, 5인용 등의 다기세트가 있다.

[사진 182] 다기

2) 다완

차를 마실 때 쓰는 사발을 이른다. '차완, 차사발'이라고 부르기도 한다.

3) 대접

국이나 물 등을 담는 데 쓰는 그릇을 이른다. 위가 넓적하고 운두가 낮으며 뚜껑이 없는 것이 특징이다.

4) 버림사발

찻물을 버리는 데 쓰는 사발이다. 다른 차도구에 비해서 크기가 큰 편이다.

5) 보시기

김치나 깍두기 따위를 담는 반찬 그릇의 하나로, 모양은 사발 같으나 높이가 낮고 크기가 작다.

6) 사발

사기로 만든 국그릇이나 밥그릇을 이른다. 그릇의 위는 넓고 아래는 좁
으며, 굽이 있다.

7) 생활자기

일상생활에 쓰이는 자기를 통칭하는
말로, 주로 식기 종류를 가리킨다.

[사진 183] 생활자기

8) 식힘사발

끓인 물을 식히는 데 쓰는 사발이다. 녹차 따위를 끓일 때, 끓인 물을
바로 차에 붓지 않고 이것에 부어 적당한 온도로 식힌 다음 붓는다. 그릇
의 한 쪽 부분에 물을 따를 수 있게 귀가 달려 있어서 '귀사발'이라고 부
르기도 하며, 또 다른 이름으로는 '물식힘사발'이나 '숙우' 등이 있다.

9) 종지

간장이나 고추장 따위를 담아서 상에 놓는 작은 그릇을 이른다.

10) 차호

차를 담는 단지를 이른다. 보관용 그릇
이므로 뚜껑이 있다.

[사진 184] 차호

2.5.3. *크기*

1) 대작

크기가 큰 그릇을 이른다. 제보자들은 주로 크기가 큰 항아리 종류를 가리켜 '대작'이라고 불렀다.

2) 소품

크기가 작은 그릇으로, 사발, 대접, 종지 등을 가리킨다. 상대적으로 크기가 큰 그릇은 '대작'이라고 부른다.

2.5.4. 모양

1) 귀사발

귀가 달린 사발을 이른다. 식힘사발에 귀가 달렸다고 해서 붙인 이름이라고 한다.

2) 녹유칠기

녹유를 사용해서 만든 칠기를 이른다.

3) 달항아리

달처럼 둥그렇게 생긴 순백자항아리이다.

[사진 185] 녹유칠기

[사진 186] 달항아리

4) 대정호다완

굽이 높게 생긴 정호다완을 이른다.

5) 동유호리병

동유를 사용해서 만든 호리병이다.

[사진 187] 대정호다완

[사진 188] 동유호리병

6) 매병

아가리가 좁고 어깨는 넓으며 밑이 홀쭉하게 생긴 병이다.

7) 무지쇄모목다완

붓자국이 없는 다완을 이른다.

8) 분청귀얄문다완

귀얄문이 서겨진 분청다완이다. 얕고 넓은 모양과 붓으로 휙 휘두른 귀얄문이 주는 시원한 느낌 때문에 여름에 주로 사용하는 다완이라고 한다.

9) 분청빗살문다완

빗살문이 새겨진 분청다완을 이른다.

10) 분청인화문다완

인화문이 새겨진 분청다완을 이른다.

[사진 189] 무지쇄모목다완

[사진 190] 분청귀얄문다완

[사진 191] 분청빗살문다완

[사진 192] 분청인화문다완

11) 석간주단지

석간주를 안료로 사용해서 만든 단지이다. 석간주는 돌 사이에 빨간 철분이 끼어 있는 광물로, 붉은 색을 띠며 도자기의 안료로 사용된다. 이 단지는 팔각, 십각 등 각이 져 있는 것이 특징이다. '석간주항아리'라고 부르기도 하고, 줄여서 '석간주'라고 부르기도 한다.

12) 소정호다완

[사진 193] 소정호다완

굽이 낮고 크기가 작은 다완을 이른다. 태토와 유약은 대정호다완과 같다. 소정호다완은 여성적이고 소박한 느낌이 든다고 한다.

13) 쇄모목다완

붓으로 만든 자국이 있는 다완을 이른다. '쇄모목'이라고 부르기도 하는데, '쇄모'는 '귀얄'과 같은 뜻으로 보인다.

14) 연리문다완

연리문이 새겨진 다완이다. 주로 세 종류의 흙을 섞어서 만드는데, 제보자는 흑색, 백색, 홍색의 흙을 사용한다고 한다.

[사진 194] 연리문다완1

[사진 195] 연리문다완2

15) 자라병

자라 모양으로 만든 병이다. 납작하고 둥근 몸통에 짧은 목이 달려 있다.

16) 청정호다완

색깔이 푸른 정호다완을 이른다. 정호다완의 한 가지로, 태토와 유약은 대정호다완과 동일하다. 이 다완은 여름용 찻잔으로 잘 어울린다고 한다.

[사진 196] 자라병

[사진 197] 청정호다완

17) 청화백자

흰 바탕에 푸른 물감으로 그림을 그린 자기를 이른다.

18) 청화백자모란문호

모란문이 새겨진 청화백자 항아리이다.

19) 청화백자용문호

용문이 새겨진 청화백자 항아리를 이른다.

[사진 198] 청화백자

[사진 199] 청화백자모란문호

[사진 200] 청화백자용문호

20) 황유칠기

황유를 사용해서 만든 칠기이다. 참나무재를 사용하면 색깔이 누렇게 나오는데, 같은 재를 섞더라도 그 비율에 따라 색깔에 차이가 난다고 한다.

21) 흑유칠기

흑유를 사용해서 만든 칠기이다. 황유칠기와 달리, 소나무재를 사용하는데 소나무재는 색깔이 검게 나온다고 한다.

[사진 201] 황유칠기

[사진 202] 황유칠기

[사진 203] 흑유칠기

2.5.5. 산지

1) 계룡산다완

충남 공주에 있는 계룡산에서 생산되었던 다완을 이른다. 백토 분장 위에 철화를 그려 넣은 독특한 방식의 충청도 사발이라고 한다.

2) 김해토기

옛날 김해 지역에서 만들었던 토기를 이른다. 다른 그릇들과 달리, 굽 모양이 갈라져 있는 것이 특징이다.

[사진 204] 계룡산다완

[사진 205] 김해토기

3) 정호다완

일본의 국보로 유명한 다완으로, 굽 부분에 유약이 거칠게 뭉쳐 있어 이슬이 맺힌 것처럼 보이는 것이 특징이다. 하동의 새미골에서 그 이름이 유래했다는 설이 있다. '이도자완, 이도다완'이라고 부르며, 줄여서 '정호'라고 부르기도 한다.

2.5.6. 등급

1) 무기

중간 등급의 그릇을 이른다. 좋지도 나쁘지도 않은 중간 정도의 그릇을 말한다. 그릇에 꽃이 피는 경우가 무기에 해당한다.

2) 원기

높은 등급의 그릇으로, 최상품의 그릇을 말한다.

2.5.7. 기타

1) 점배기사발

눈을 일곱 개 놓은 사발로, 그 눈이 칠성별을 의미해서 정월대보름을 앞두고 많이 팔렸다고 한다. 옛날 사람들은 이 사발에 정안수(정화수)를 떠 놓고 소원을 빌었다고 한다.

2.6. 구성

2.6.1. 그릇의 부분 명칭

[사진 206] 단지의 부분 명칭
1 : 입(전)   2 : 배   3 : 굽

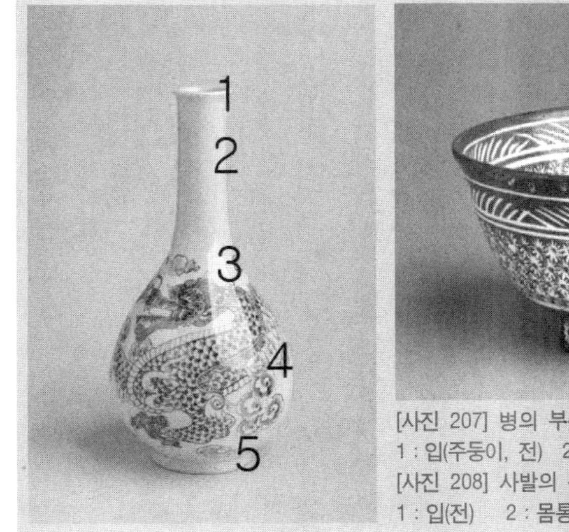

[사진 207] 병의 부분 명칭
1 : 입(주둥이, 전)   2 : 목 3 : 허리 4 : 배 5 : 굽
[사진 208] 사발의 부분 명칭
1 : 입(전)   2 : 몸통   3 : 굽

1) 겉굽

겉으로 드러난 굽을 이른다. 다완 종류가 여기에 해당한다.

2) 굽

그릇의 밑바닥에 붙은 나지막한 받침이다.

3) 귀

그릇에 달린 손잡이를 말한다.

4) 꼭지

그릇의 뚜껑이나 기구 등에 붙은 손잡이를 이른다.

5) 목

병과 같이 긴 그릇의, 주둥이 아래에 잘록한 부분이다.

6) 몸통

그릇의 입, 목, 굽을 제외한 나머지 부분을 이른다.

7) 물대

주전자 등의 물이 나오는 꼭지를 이른다.

8) 배

그릇의 가운데 불룩하게 나온 부분이다.

9) 시울

그릇의 입 언저리를 이른다.

10) 안굽

겉으로 드러나지 않은 굽을 말한다. 항아리 종류가 여기에 해당한다.

11) 입

그릇의 맨 윗부분으로, '아가리, 주둥이'라고 부르는 경우도 있다.

12) 전

그릇의 위쪽 가장자리가 조금 넓적하게 된 부분을 이른다. 입(아가리, 주둥이)의 테두리 부분을 가리킨다.

13) 주전자꼭지

주전자에 달린, 물을 따르는 꼭지를 이른다.

[사진 209] 주전자꼭지

14) 통굽

굽 처리를 따로 하지 않은, 떼어 낸 상태 그대로의 굽을 이른다.

15) 주둥이

병이나 일부 그릇 따위에서, 좁고 길쭉하게 나온, 담긴 물질을 밖으로 나오게 하는 부분이다.

16) 허리

병과 같이 긴 그릇의, 가운데 잘록한 부분을 이른다.

2.6.2. 가마의 부분 명칭

[사진 210] 가마의 부분 명칭
1 : 굴뚝   2 : 칸등   3 : 화문

1) 굴뚝

불을 땔 때에, 연기가 밖으로 빠져나가도록 만든 구조물을 이른다. 주로 철판, 토관, 벽돌 따위로 만든다.

2) 끌목칸

가마의 칸 중에서, 초벌구이하는 제일 마지막 칸을 이른다. 재벌하는 동안 마지막 칸에 초벌할 그릇을 넣어서 같이 굽기 위해 만든 칸이다. 옛날에 땔감을 절약하기 위해서 끌목칸을 만들었다고 한다.

3) 노리칸

가마의 칸 중에서 기물이 들어가는 첫 번째 칸이다. 대체로 봉통 다음 칸에 해당한다. 전통가마라도 노리칸이 없는 경우가 있다.

4) 도수리구멍

도자기를 굽는 가마의 옆에 불을 땔 수 있도록 만든 구멍을 이른다. '도수를 보는 구멍'이라는 뜻에서 붙은 이름이라고 한다.

5) 봉통

가마의 첫 칸을 이른다.

[사진 211] 도수리구멍

[사진 212] 봉통

6) 불받이

가마 안에 던져 넣는 땔감이 떨어지는 자리를 이른다.

7) 불벽

불이 그릇에 바로 닿는 것을 막아 주는 벽이다.

8) 불보기구멍

불보기를 꺼내는 구멍을 이른다.

9) 불턱

가마 안에 쌓아 올린 턱이다. 그릇에 파손이 많이 가는 것을 막아 준다.

10) 살창구멍

가마의 칸과 칸 사이에 불이 올라가는 구멍을 이른다.

11) 칸등

칸가마의 불룩 솟은 등을 이른다.

12) 헛칸

가마의 칸 중에서, 기물을 넣지 않는 칸을 이른다. 불이 바로 빠지지 않게 하기 위해서 헛칸을 만들었다고 한다.

[사진 213] 살창구멍

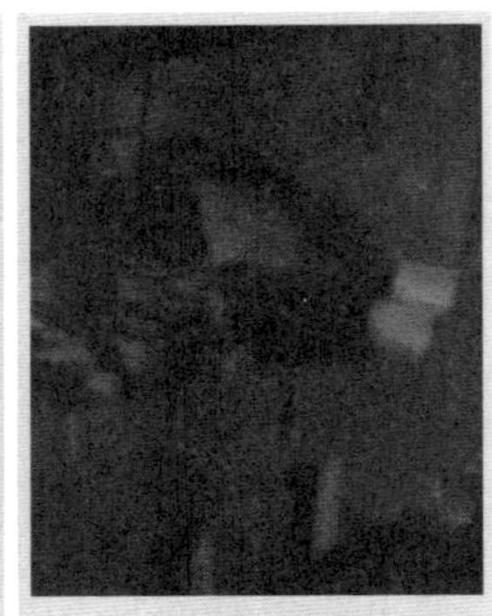

[사진 214] 헛칸

13) 화문

그릇을 가마에 넣거나 꺼낼 때 드나드는 문이다.

2.7. 제작자

2.7.1. 주 제작자

1) 늘기대장

사발, 잔, 접시 등의 사기그릇을 만드는 장인을 이른다.

2) 물레대장

물레를 돌리면서 그릇의 성형을 담당하는 대장을 이른다.

3) 사기대장

사기를 만드는 사람을 일컫는 말로, 줄여서 '대장'이라고 부르기도 한다.

4) 사기장

사기를 만드는 장인이다. 사기장이라고 하면 무형문화재를 떠올리기 쉬운데, 국가나 시도에서 지정한 무형문화재뿐만 아니라 사기를 만드는 장인은 누구나 사기장이라고 말할 수 있을 것이다.

5) 잡삭대장

항아리, 주병, 요강, 화분 등의 큰 그릇을 만드는 장인을 이른다.

[사진 215] 사기장1

[사진 216] 사기장2

2.7.2. 보조 제작자

1) 불대장

불때는 일을 전문적으로 담당하는 사람을 이른다.

2) 수정꾼

뒷일을 담당하는 사람이다. 흙을 반죽해서 물레대장에게 건네주기도 하고, 물레대장이 그릇을 만들고 나서 뒤처리를 하는 사람을 말한다.

3) 영새꾼

영새를 마련하는 사람을 이른다.

4) 칸수리꾼

불을 때고 난 후 손상된 가마의 수리를 담당하는 사람이다. 옛날에는 한 마을에 칸수리만 전문적으로 하는 사람이 있어서 그 사람이 이 가마 저 가마 돌아다니면서 가마를 수리했다고 한다.

5) 톳물꾼

톳물 받는 일만 전문적으로 하던 사람으로, 수비꾼을 이른다.

6) 화부

가마에 불때는 일을 맡아 하는 사람을 이른다.

2.8. 장소

2.8.1. 제작 장소

1) 가마

그릇을 굽기 위해 만든 시설을 이른다. 형태나 재료, 연료 등에 따라 가마의 종류가 다양하다.

[사진 217] 가마

2) 가스가마

가스를 사용하여 불을 때는 가마이다.

3) 공방

도자기공예 등의 공예품을 제작하는 작업장을 이른다.

[사진 218] 공방

4) 대포가마

대포처럼 생긴 옛날 가마를 이른다.

5) 땅두멍

수비할 때 흙물을 받는 장소로, '수비구디기'라고 부르기도 한다.

6) 망뎅이가마

망뎅이로 만든 전통가마를 이른다. 경북 문경 지역에서 유명한 가마로,

제보자의 가마도 망뎅이가마라고 했다.

7) 봉노

흙이나 도자기를 말리기 위해 집 안에 설치한 방이다. 그릇을 빨리 말리기 위해서 봉노에 불을 땠다고 한다.

[사진 219] 봉노

8) 봉당

그릇을 말리기 위해 불을 때는 방을 이른다.

9) 봉우리가마

봉우리가 여러 개 있는 가마를 이른다.

10) 사기굴

사기를 굽기 위해 설치한 가마이다.

11) 사바리막

　사발을 만드는 작업장을 말한다. 옛날에는 그릇을 만드는 곳을 막이라고 했다고 한다.

12) 산비탈가마

　경사가 진 가마를 이른다. 보통 '등요(嶝窯)'라고 부르는데, 일본식 표현으로 '노보리가마'라고 한다. 제보자는 사전에 등요의 한자가 '登窯'로 잘못 표기되어 있다고 지적하였다.

13) 수비장

　수비 작업을 하는 곳이다.

14) 신식가마

　가스가마나 기름가마 등 최근에 개발된 가마이다. 전통가마에 대비되는 뜻으로 쓴다.

15) 움

　그릇을 만들던 작업장을 말한다.

16) 잿물구디기

　잿물을 담아 두는 곳을 이른다.

17) 전통가마

예부터 사용하는 방식 그대로 그릇을 굽는, 흙으로 만든 가마이다.

[사진 220] 전통가마

18) 칸가마

여러 개의 칸으로 나누어진 가마이다.

19) 터널가마

도자기를 굽는, 터널 모양의 가마를 이른다.

20) 통가마

불통과 가마칸이 일직선으로 되어 있는 가마를 말한다.

2.9. 기타

2.9.1. 관용어

1) 눈 놓다

도자기를 가마에 넣을 때 포개어 굽기 위해서 그릇 안에 백토를 붙이는 일을 말한다. 옛날에는 차돌 등을 빻아서 사용했지만, 요즘은 내화도가 센 백토를 사용한다. 조금 큰 그릇은 일반적으로 다섯 개씩 놓는다. 그릇을 굽고 나서 눈을 제거하면 자국이 남게 되는데, 그것을 '눈자국, 눈박이, 점배기' 등으로 부른다.

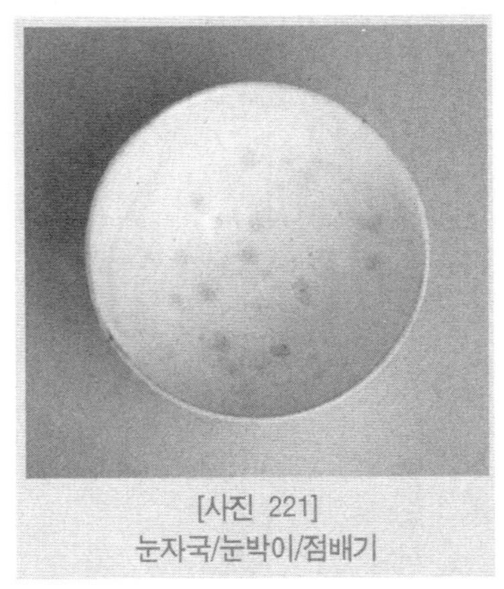

[사진 221]
눈자국/눈박이/점배기

2) 꽃(이) 피다

그릇에 붉은 반점이 생기는 현상을 이른다. 실제로 보면, 그 모습이 정말 붉은 꽃이 핀 것과 비슷하다. 그런데 제보자의 이야기에 따르면, 꽃이 핀 그릇은 원기가 아니라 무기로 취급했다고 한다.

2.9.2. 상태

1) 날나다

가마 안에서 유약이 녹아서 그릇에 윤이 나는 것을 말한다.

[사진 222] 꽃이 핀 그릇1

[사진 223] 꽃이 핀 그릇2

2) 요변

가마에서 그릇을 굽는 동안, 그릇에 변화가 생기는 것을 이른다.

3) 잘 피다

철사가 그릇에 붉게 나타나는 것을 보고 이르는 말이다.

4) 구열

거북이 등어리같이 그릇에 금이 가는 것을 이른다. 제보자의 말에 따르면, 균열의 종류에 구열과 빙열 두 가지가 있다고 한다.

5) 빙열

얼음이 깨지듯이 그릇이 쫙쫙 갈라지는 것을 이른다.

2.9.3. 파편

1) 가마파편

가마에서 떨어져 나온 파편이다. 즉, 가마를 만드는 데 사용했던 망뎅이를 가리킨다.

2) 도편

도자기가 깨진 조각으로, '사금파리'라고 부르기도 한다.

[사진 224] 가마파편

[사진 225] 도편

제3부

연구 결과

제5장 마무리

제5장 마무리

직업생활어는 민족생활어의 큰 줄기로서, 우리가 소중히 보존해야 할 국어문화유산이다. 이 보고서는 '우리그릇'을 만드는 장인들이 작업 현장에서 사용하는 직업생활어를 조사하여 정리한 결과물이다.

옹기와 사기는 우리 민족의 역사와 운명을 함께해 온 우리의 전통 그릇들이다. 옹기와 사기를 사전적 정의에 충실하여 '도자기'라는 범주로 묶는 것은 그것을 만드는 장인들의 머릿속에 '옹기'와 '도자기'라는 구분선이 뚜렷이 존재하는 한, 더 이상 의미가 없는 듯하다. 그리하여 필자는 '우리 민족의 전통 그릇'을 대표한다는 의미에서 '우리그릇'이라는 표현을 사용하였다.

본 조사는 부산, 울산, 경남 지역의 대표적인 도예마을 세 곳을 조사 지역으로 정하여 진행하였다. 울산 울주군의 신일성 옹기장, 배영화 옹기장, 부산 기장군의 김윤태 사기장, 경남 김해의 배종태 사기장의 제보를 통하여 옹기장과 사기장이 사용하는 말을 조사하였다.

우선 옹기장의 말은 울주에 있는 옹기장의 작업 현장에서 옹기의 개념을 비롯하여 옹기를 제작할 때 필요한 재료, 도구 명칭, 제작 과정과 관련

된 말, 옹기의 제작 장소, 제작품인 옹기의 명칭 및 쓰임 등을 조사하였다. 사기장의 말 역시 기장과 김해에 위치한 제보자들의 작업장에서 그릇을 만드는 과정을 직접 지켜보면서 사기의 재료, 사기를 만들 때 사용하는 도구의 명칭, 제작 과정, 제작 장소, 사기의 명칭 및 쓰임 등을 조사하였다. 아울러 제보자들의 생애에 대한 구술 발화도 녹음하여 전사하였다.

이렇게 조사한 어휘는 다음의 분류 기준에 따라 세분화하여 제2부 연구 내용 '옹기장의 말'과 '사기장의 말'에서 제시하였다.

<옹기장의 말>

영역	직업어							
범주	수공업							
대분류	옹기장							
중분류	도구	재료	제작과정	제작품	구성	제작자	장소	기타
소분류	성형도구 가공도구 운반도구 측정도구 장식도구 가마도구 기타	흙 유약 연료 기타	성형전작업 성형작업 성형후작업	재료 쓰임 크기 모양 성형 방법 기타	부분명칭 - 그릇 - 가마 - 도구	주제작자 보조제작자	제작 장소	관용어 상태 단위 파편

<사기장의 말>

영역	직업어							
범주	수공업							
대분류	사기장							
중분류	도구	재료	제작과정	제작품	구성	제작자	장소	기타
소분류	성형도구 가공도구 운반도구 측정도구 장식도구 가마도구 기타	흙 유약 안료 연료 기타	성형전작업 성형작업 성형후작업	재료 쓰임 크기 모양 등급 산지 기타	부분명칭 - 그릇 - 가마	주제작자 보조제작자	제작 장소	관용어 상태 파편

옹기와 사기는 '흙'을 재료로 해서, '물레'라는 도구를 사용하여 그릇을 '성형'하며, '가마'에서 '구워' 만든다는 점에서 공통점이 매우 많다. 그러나 실제로 옹기장과 사기장이 쓰는 어휘들을 비교해 보면, 제작 도구는 물론이고 재료, 제작 과정, 제작품에 이르기까지 세부적으로는 많은 차이점이 있음을 발견할 수 있다. 하위분류에 따른 세부 명칭들을 한층 더 면밀하게 비교·대조하는 작업이 앞으로 뒤따라야 하리라 본다. 또한 조사된 어휘들의 연어 관계를 정리해 보는 일도 흥미롭고 의미 있는 일이 될 것이라 생각한다.

이번 조사를 통하여 몇몇 특정 분야에 국한되어 있던 직업어의 연구 범위를 생활어라는 한층 더 넓은 영역 하에서 확장할 수 있었다. 또한 사전에서 찾아볼 수 없었던 새 어휘를 발굴하였다는 점과 사전 등재어일지라도 언어 사용이라는 측면에서 형태적으로나 의미적으로 다양한 양상으로 실현되는 용례를 추가하였다는 점은 본 조사의 성과라 할 수 있다. 반면에 한 주제 당 복수의 제보자를 섭외하여 조사 어휘의 보편성을 확보하고자 하였지만, 현지조사의 특성상 경상도 일부 지역의 제보자를 대상으로 조사가 진행되었다는 점은 한계로 지적될 수 있겠다. 앞으로 지역의 다양성을 고려한 후속 연구가 완성도 높게 진행되기만 한다면 이러한 한계를 뛰어넘어 민족생활어의 어휘 체계를 구축하고, 나아가서는 국어의 어휘 체계를 확립하는 데에도 기여할 수 있으리라 본다.

[참고문헌]

강경숙 외(2005), 『분청사기』, 대원사.
고려대학교 민족문화연구원(2001), 『한국민속의 세계 3권 의생활, 식생활』.
국립국어연구원(1999), 『표준국어대사전』, 두산동아.
국립문화재연구소(1999), 『중요무형문화재 제105호 사기장, 한국의 중요무형문화재 24』.
김정대(1989), 「옹기류의 낱말밭」, 가라문화 제7집, 경남대학교 가라문화연구소
박용수(1992), 『겨레말갈래큰사전』, 한글문화연구회 출판부.
박용수(1995), 『새우리말갈래사전』, 서울대학교 출판부.
송재선(2004), 『우리나라 옹기』, 동문선.
신한균(2005), 『우리 사발 이야기』, 가야넷.
옹기민속박물관(2000), 『옹기나들이』, 옹기민속박물관.
윤용이(1999), 『우리 옛 도자기』, 대원사.
이용한 외(2001), 『장이』, 실천문학사.
이훈종(1988), 「언어학상으로 보는 한국의 부엌세간과 식기」, 한국식문화학회지 3-2.
이훈종(1993), 『민족생활어사전』, 한길사.
임도빈(2006), 『자연을 닮은 그릇, 옹기』, 재단법인도자기엑스포
임무근 외(2001), 『도예』, 대원사.
정동주(2005), 『우리 시대 찻그릇은 무엇인가』, 다른세상.
정동훈(2001), 『도자예술용어사전』, 월간 세라믹스
정병락(2000), 『옹기와의 대화』, 옹기민속박물관.
정양모 외(2004), 『옹기』, 대원사.
천한봉(2007), 『그릇과 나의 인생』, 호미.
최학근(1990), 『증보 한국방언사전』, 명문당.

찾 아 보 기

ㅅ

ㅈ

ㅊ

찡 맞다 …………………………… 118

차사발 …………………………… 91
차호 ……………………………… 164
찻잔 ……………………………… 92
창구멍 …………………………… 110
창불 ……………………………… 83
창솔 ……………………………… 70
천연유약 ………………………… 69
철사 …………………………… 138, 146
청자 ……………………………… 161
청자흙 …………………………… 144
청정호다완 ……………………… 169
청화백자 ………………………… 169
청화백자모란문호 ……………… 170
청화백자용문호 ………………… 170
쳇바퀴타름 ……………………… 77
초벌구이 ………………………… 159
초병 ……………………………… 92
추미 ……………………………… 102
칠기 ……………………………… 162
칠바르다 ………………………… 159
칠부 ……………………………… 100

ㅋ

칸가마 …………………………… 117, 185
칸등 ……………………………… 178
칸불 ……………………………… 159
칸수리꾼 ………………………… 180

콩나물시루 ……………………… 92
큰독 ……………………………… 100
큰십개 …………………………… 100
큰짝 ……………………………… 100
키정금 …………………………… 62

ㅌ

타름 ……………………………… 120
타름(을) 타다 …………………… 77
타리다 …………………………… 78
탕건메 …………………………… 60
태토 ……………………………… 144
터널가마 ……………………… 118, 185
토끼단지 ………………………… 100
톳물 받다 ………………………… 149
톳물꾼 …………………………… 181
통가마 …………………………… 185
통굽 ……………………………… 175

ㅍ

파래 ……………………………… 100
팔개단지 ………………………… 101
팔편 ……………………………… 101
퍼지다 …………………………… 119
편자 ……………………………… 101
평면 ……………………………… 111
평전 ……………………………… 109
핀불 ……………………………… 83